CODE PÉNAL

MILITAIRE

Présentant la Nomenclature alphabétique des crimes et délits, avec les peines qui y sont attachées, tant par le Code de justice militaire actuel que par le Code pénal ordinaire y annexé;

PAR DRILLIEN, COMMISSAIRE IMPÉRIAL

Près le 2ᵉ Conseil de guerre de la 16ᵉ Division militaire.

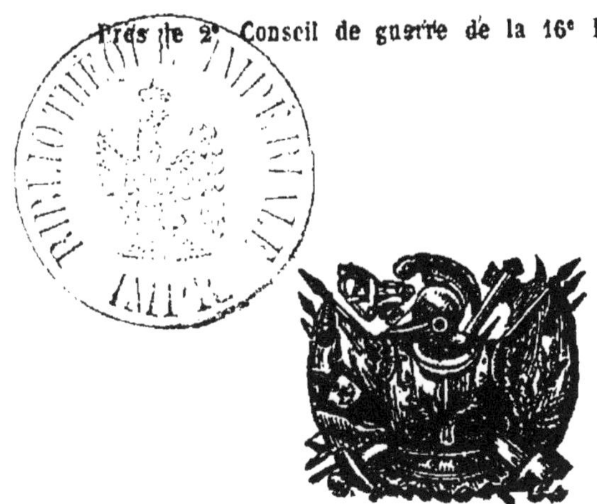

PARIS,

IMPRIMERIE ET LIBRAIRIE MILITAIRES DE **BLOT**,

Rue de Rivoli, 58, près l'Hôtel-de-Ville.

—

1861.

CODE PÉNAL

MILITAIRE

Présentant la Nomenclature alphabétique des crimes et délits, avec les peines qui y sont attachées, tant par le Code de Justice militaire actuel que par le Code pénal ordinaire y annexé;

PAR DRILLIEN, COMMISSAIRE IMPÉRIAL

Près le 2ᵉ Conseil de guerre de la 16ᵉ Division militaire.

PARIS

IMPRIMERIE ET LIBRAIRIE MILITAIRES DE BLOT,

Rue de Rivoli, 58, près l'Hôtel-de-Ville.

—

1861

AVERTISSEMENT.

L'habitude contractée dans les corps de l'arméé française de faire la lecture du Code pénal militaire dans l'ordre alphabétique, nous a suggéré l'idée de classer dans cet ordre familier aux soldats les crimes et les délits prévus par le Code de justice militaire de 1857.

En conséquence, dans une série de petits cadres, nous avons renfermé, par ordre alphabétique : 1° la qualification de chaque crime ou délit militaire; 2° le texte de l'infraction et la pénalité applicable aux cas prévus; 3° et enfin l'article du Code dont nous avons reproduit les dispositions et la sanction.

Au Code militaire proprement dit, nous avons pensé qu'il serait utile de joindre un extrait du Code pénal ordinaire comprenant une collection de crimes et de délits communs, dont il nous a paru nécessaire que les militaires aient une connaissance parfaite, soit pendant le temps qu'ils sont sous les drapeaux, soit après leur rentrée dans la vie civile ; et ici nous dirons que ce ne sera pas un des moindres services qu'ils devront aux institutions morales de l'armée, car ils y auront appris qu'en tous lieux la soumission aux lois est, non-seulement le premier devoir du soldat et du citoyen, mais encore le meilleur emploi que l'homme puisse faire de sa volonté pour assurer le bonheur public et le sien.

Toutefois, si la soumission aux lois est partout nécessaire, nulle part elle n'a autant d'importance que dans l'armée ; c'est là qu'il faut absolument la comprendre dans toute son étendue et l'observer dans son application la plus rigoureuse, sinon l'indiscipline suit de fort près la plus légère infraction au devoir, conduit le soldat à tous les désordres imaginables, et, de là au crime, il n'y a qu'un pas.

Or, il faut donc que l'on sache bien, soit dans l'armée, soit ailleurs, que les infractions de la morale publique trouveront toujours debout des tribunaux pour les juger et des lois pour les punir.

Aussi est-ce dans le but d'éclairer les soldats sur les dangers qui entourent le non accomplissement de leurs devoirs militaires ou civils, le défaut de moralité ou le manque de probité, que nous avons rédigé ce petit ouvrage de législation pénale, et nous désirons qu'il trouve dans l'armée un accueil qui soit la récompense du travail auquel nous nous sommes livré dans son intérêt, lequel a toujours été et est encore aujourd'hui, dans la mesure de nos forces, le principal sujet de nos plus ardentes préoccupations.

NOTE DE L'ÉDITEUR.

Avant d'entrer en matière, nous avons pensé devoir mettre au commencement de cet ouvrage la lettre de félicitations qu'en a reçu l'auteur, M. DRILLIEN, Commissaire impérial près le 2ᵉ Conseil de guerre de la 16ᵉ division militaire.

Rennes, le 27 Août 1859.

16ᵉ DIVISION
MILITAIRE.

MONSIEUR LE COMMISSAIRE IMPÉRIAL,

Je reçois du Ministre de la guerre une dépêche, en date du 26 août, ainsi conçue :

« Général, j'ai examiné le travail que vous m'avez adressé le
« 31 juillet dernier, et qui vous a été remis par M. le Capitaine DRILLIEN,
« Commissaire impérial près le 2ᵉ Conseil de guerre, séant à Brest. Ce travail,
« qui présente la nomenclature alphabétique des crimes et délits, avec les
« peines qui y sont attachées, tant par le Code de justice militaire que par
« le Code pénal ordinaire y annexé, m'a paru fait avec soin et avec mé-
« thode. Il ne serait pas sans utilité, et pourrait guider dans leurs recherches
« les personnes qui désireraient s'initier à l'étude de la législation mili-
« taire.

« Je vous prie, en conséquence, de transmettre à M. DRILLIEN l'expres-
« sion de ma satisfaction, et vous invite à lui renvoyer son travail, afin
qu'il en puisse faire l'usage qu'il jugera utile à ses intérêts. »

Recevez, Monsieur le commissaire impérial, l'assurance de ma consi-
dération distinguée,

Le Général commandant la 16ᵉ Division militaire,

Signé : DUCHAUSSOY.

A Monsieur DRILLIEN, Commissaire impérial au 2ᵉ Conseil de guerre de la 16ᵉ Division militaire, à BREST.

CODE PÉNAL

MILITAIRE.

PREMIÈRE PARTIE

NOMENCLATURE alphabétique des crimes et délits militaires.	DISPOSITION ET SANCTION.	ARTICLES du Code.
N° 1. *Abandon de son poste.*	Tout militaire qui abandonne son poste est puni : 1° *De la peine de mort*, si l'abandon a eu lieu en présence de l'ennemi ou de rebelles armés. 2° *De deux à cinq ans d'emprisonnement*, si, hors le cas prévu par le paragraphe précédent, l'abandon a eu lieu sur un territoire en état de guerre ou en état de siége. 3° *De deux à six mois d'emprisonnement*, dans tous les autres cas. Si le coupable est chef de poste, le *maximum* de la peine est toujours infligé.	213
2. *Abandon de son poste étant en faction ou en vedette.*	Tout militaire qui, étant en faction ou en vedette, abandonne son poste sans avoir rempli sa consigne, est puni : 1° *De la peine de mort*, s'il était en présence de l'ennemi ou de rebelles armés. 2° *De deux à cinq ans de travaux publics*, si, hors le cas prévu par le paragraphe précédent, il était sur un territoire en état de guerre ou en état de siége. 3° *D'un emprisonnement de deux mois à un an*, dans tous les autres cas.	211
3. *Absence de son poste en cas d'alerte ou lorsque la générale est battue.*	En temps de guerre, aux armées, ainsi que dans les communes, les départements et les places en état de siége, tout militaire qui ne se rend pas à son poste en cas d'alerte, ou lorsque la générale est battue, est puni de *six mois à deux ans d'emprisonnement* ; S'il est officier, la peine est celle de *la destitution.*	214

NOMENCLATURE alphabétique des crimes et délits militaires.	DISPOSITION ET SANCTION.	ARTICLES du Code.
N° 4. *Absence d'un officier de son corps ou de son poste sans autorisation*	Est puni de *six mois à un an d'emprisonnement* tout officier absent de son corps ou de son poste sans autorisation depuis plus de *six jours*, ou qui ne s'y présente pas *quinze jours* après l'expiration de son congé ou de sa permission, sans préjudice de l'application, s'il y a lieu, des dispositions de l'article 1er (n° 6) de la loi du 19 mai 1834 sur l'état des officiers. En temps de guerre les délais fixés ci-dessus sont réduits de moitié.	233 et 234
5. *Absence d'un juge à la réunion d'un conseil de guerre.*	Tout militaire qui, hors le cas d'excuse légitime, ne se rend pas au conseil de guerre où il est appelé à siéger, est puni *d'un emprisonnement de deux mois à six mois.*	215
6. *Abus d'autorité envers son inférieur.*	Est puni *d'un emprisonnement de deux mois à cinq ans* tout militaire qui frappe son inférieur hors les cas de la légitime défense de soi-même ou d'autrui, ou du ralliement des fuyards, ou de la nécessité d'arrêter le pillage ou la dévastation.	229
7. *Achat d'effets militaires ou autres objets confiés à un militaire pour le service.*	Est puni *d'un an à cinq ans d'emprisonnement* tout militaire qui, sciemment, achète un cheval, des effets d'armement, d'équipement ou d'habillement, des munitions, ou tout autre objet confié à un militaire pour le service. La peine est de *six mois à un an d'emprisonnement*, s'il s'agit d'effets de petit équipement.	244

NOMENCLATURE alphabétique des crimes et délits militaires.	DISPOSITION ET SANCTION.	ARTICLES du Code.
N° 8. *Application frauduleuse des sceaux, timbres ou marques militaires.*	Est puni *de la dégradation militaire,* tout militaire, tout administrateur ou comptable militaire qui, s'étant procuré les vrais sceaux, timbres ou marques militaires destinés à être apposés soit sur les actes ou pièces authentiques relatifs au service militaire, soit sur des objets ou effets quelconques appartenant à l'armée, en fait ou tenté d'en faire une application frauduleuse.	259 et 260
9. *Armes portées contre la France.*	Est puni *de mort* avec *dégradation militaire* tout militaire français, ou au service de la France, qui porte les armes contre la France.	204
10. *Attaque à main armée contre des troupes ou sujets d'une puissance alliée ou neutre.*	Est puni *de mort* tout chef militaire qui, sans provocation, ordre ou autorisation, dirige ou fait diriger une attaque à main armée contre des troupes ou des sujets quelconques d'une puissance alliée ou neutre.	226
11. *Capitulation d'un commandant de place, sans avoir épuisé tous ses moyens de défense.*	Est puni *de mort,* avec *dégradation militaire,* tout gouverneur ou commandant qui, mis en jugement après avis d'un conseil d'enquête, est reconnu coupable d'avoir capitulé avec l'ennemi et rendu la place qui lui était confiée, sans avoir épuisé tous les moyens de défense dont il disposait, et sans avoir fait tout ce que lui prescrivait le devoir et l'honneur.	209

NOMENCLATURE alphabétique des crimes et délits militaires.	DISPOSITION ET SANCTION.	ARTICLES du Code.
N° 12. *Capitulation en rase campagne.*	Tout général, tout commandant d'une troupe armée, qui capitule en rase campagne, est puni : 1° *De la peine de mort*, avec *dégradation militaire*, si la capitulation a eu pour résultat de faire poser les armes à sa troupe, ou si, avant de traiter verbalement ou par écrit, il n'a pas fait tout ce que lui prescrivait le devoir et l'honneur. 2° *De la destitution*, dans tous les autres cas.	210
13. *Commandement pris ou retenu sans ordre.*	Est puni *de mort* tout militaire qui prend un commandement sans ordre ou motif légitime, ou qui le retient contre l'ordre de ses chefs.	228
14. *Concussion de la part des militaires, des administrateurs ou comptables militaires.*	Est puni *des travaux forcés à temps* tout militaire, tout administrateur ou comptable militaire qui s'est rendu coupable de crime de concussion, en ordonnant de percevoir ou en exigeant ou en recevant ce qu'il savait n'être pas dû, ou excéder ce qui était dû pour droits, taxes, contributions, deniers ou revenus, ou pour salaires ou traitements (C. P *art. 174, annexe n° 20*).	263
15. *Connivence des préposés à la conduite ou à la garde des prisonniers de guerre.*	Toutes les fois qu'une évasion de prisonniers de guerre aura lieu, les commandants en chef ou en sous ordre, soit de la gendarmerie, soit de la force armée servant d'escorte ou garnissant les postes, les concierges, gardiens, geôliers, et autres préposés à la conduite, au transport ou à la garde des prisonniers de guerre seront, en cas de connivence, punis *d'un emprisonnement de deux mois à deux ans* Ceux qui, n'étant pas chargés de la garde ou conduite des prisonniers de guerre, auront procuré ou facilité leur évasion, seront punis *de six jours à trois mois d'emprisonnement*. (C. P. *articles 237 et 238, annexe n° 16*).	216

NOMENCLATURE alphabétique des crimes et délits militaires.	DISPOSITION ET SANCTION.	ARTICLES du Code.
N° 16. *Contrefaçon de sceaux, timbres ou marques militaires.*	Est puni *de la réclusion* tout militaire, tout administrateur ou comptable militaire qui contrefait ou tente de contrefaire les sceaux, timbres ou marques militaires destinés à être apposés soit sur des actes ou pièces authentiques relatifs au service militaire, soit sur des effets ou objets quelconques appartenant à l'armée.	259
17. *Corruption de la part des militaires, des administrateurs ou comptables militaires dans l'exercice de leurs fonctions.*	Est puni *de la dégradation militaire* tout militaire, tout administrateur ou comptable militaire, qui agrée des offres ou promesses, reçoit des dons ou présents pour faire un acte de sa fonction ou emploi, même juste, mais non sujet à salaire. Est puni *de la même peine* tout militaire, tout administrateur ou comptable militaire qui, par offres ou promesses agréées, dons ou présents reçus, se sera abstenu de faire un acte qui rentrait dans l'ordre de ses devoirs. (C. P. *article* 177, *annexe n°* 19).	261
18. *Corruption ou tentative de ce crime, contrainte ou tentative de ce fait, exercées par des militaires, des administrateurs ou comptables militaires, sur d'autres fonctionnaires publics ou militaires.*	Tout militaire, tout administrateur ou comptable militaire, qui contraint ou tente de contraindre par voies de fait ou menaces, corrompt ou tente de corrompre par promesses, offres, dons ou présents un fonctionnaire public de l'ordre administratif civil, judiciaire ou militaire, un agent ou préposé d'une administration publique ou militaire, pour obtenir, soit une opinion favorable, soit des procès-verbaux, états, certificats ou estimations contraires à la vérité, soit des places, emplois, adjudications, entreprises ou bénéfices quelconques, soit enfin tout autre acte du fonctionnaire, agent ou préposé, est puni *de la dégradation militaire;* et la *même peine* est infligée au fonctionnaire, agent ou préposé corrompu.	261

NOMENCLATURE alphabétique des crimes et délits militaires.	DISPOSITION ET SANCTION.	ARTICLES du Code.
Suite du N° 18.	Dans le cas ou la corruption ou la contrainte aurait pour objet un fait emportant une peine plus forte que la *dégradation militaire*, cette peine plus forte est appliquée au coupable. S'il existe des circonstances atténuantes le coupable est puni de *trois mois à deux ans d'emprisonnement*. Toutefois, si la tentative de contrainte ou de corruption n'a eu aucun effet, la peine est *de trois mois à six mois d'emprisonnement*. (C. P. *articles 178 et 179, annexe n° 19*).	Suite du 261
19. *Corruption pratiquée envers un médecin militaire pour en obtenir un faux certificat de maladies ou d'infirmités.*	Est puni *de la dégradation militaire* tout militaire qui, par dons ou promesses, corrompt un médecin militaire dans l'exercice de ses fonctions, pour obtenir qu'il certifie faussement ou dissimule l'existence de maladies ou infirmités.	262
20. *Dépouillement d'un blessé.*	Est puni *de la réclusion* tout militaire qui dépouille un blessé. Le coupable est puni *de mort*, si, pour dépouiller le blessé, il lui a fait de nouvelles blessures.	249
21. *1° Désertion des sous-officiers, des caporaux, brigadiers ou soldats à l'intérieur.*	**Définition.** Est considéré comme déserteur à l'intérieur : 1° *Six jours* après celui de l'absence constatée, tout sous-officier, caporal, brigadier ou soldat qui s'absente de son corps ou détachement sans autorisation : néanmoins, si le soldat n'a pas *six mois de service*, il ne peut être considéré comme déserteur qu'après *un mois* d'absence. 2° Tout sous-officier, caporal, brigadier ou soldat voyageant isolément d'un corps à un autre, ou dont le congé ou la permission est expirée, et qui, dans les *quinze jours* qui suivent celui qui a été fixé pour son retour ou son arrivée au corps, ne s'y est pas présenté.	231

NOMENCLATURE alphabétique des crimes et délits militaires.	DISPOSITION ET SANCTION.	ARTICLES du Code.
Suite du N° 21.	En temps de guerre les délais fixés ci-dessus par l'article 231 sont réduits de moitié.	234
N° 22. 2° *Désertion des sous-officiers, des caporaux, brigadiers ou soldats à l'intérieur.*	**Punition.** Tout sous-officier, caporal, brigadier ou soldat, coupable de désertion à l'intérieur en temps de paix, est puni *de deux à cinq ans d'emprisonnement*, et *de deux à cinq ans de travaux publics*, si la désertion a eu lieu en temps de guerre, ou d'un territoire en état de guerre ou de siége. La peine ne peut-être moindre de *trois ans· d'emprisonnement ou de travaux publics*, suivant les cas, dans les circonstances suivantes : 1° Si le coupable a emporté une de ses armes, un objet d'équipement ou d'habillement, ou s'il a emmené son cheval ; 2° S'il a déserté étant de service, sauf les cas prévus par les articles 211 et 213 du présent Code (*Voir* n°ˢ 1 et 2). 3° S'il a déserté antérieurement.	232
23. *Désertion des officiers à l'intérieur.*	Tout officier qui abandonne son corps ou son poste sur un territoire en état de guerre ou de siége est déclaré déserteur après *six jours d'absence*, ou *quinze jours* après l'expiration de son congé ou de sa permission, et est puni de la *destitution* avec *emprisonnement de deux à cinq ans*. En temps de guerre les délais fixés ci-dessus par l'article 233 sont réduits de moitié.	233 et 234
24. *Désertion à l'étranger.*	**Définition.** Est déclaré déserteur à l'étranger, *trois jours* après celui de l'absence constatée, tout militaire qui franchit sans autorisation les limites du territoire français, ou qui, hors de France, abandonne le corps auquel il appartient.	235

NOMENCLATURE alphabétique des crimes et délits militaires.	DISPOSITION ET SANCTION.	ARTICLES du Code.
N° 25. *Désertion des sous-officiers, des caporaux, brigadiers ou soldats à l'étranger.*	**Punition.** Tout sous-officier, caporal, brigadier ou soldat, coupable de désertion à l'étranger, est puni : *de deux à cinq ans de travaux publics*, si la désertion a eu lieu en temps de paix. Il est puni : *de cinq à dix ans de la même peine*, si la désertion a eu lieu en temps de guerre, ou d'un territoire en état de guerre ou de siége. La peine ne peut être moindre *de trois ans de travaux publics* dans le cas prévu par le paragraphe 1er, et de *sept ans* dans le cas du paragraphe 2, dans les circonstances suivantes : 1° Si le coupable a emporté une de ses armes, un objet d'habillement ou d'équipement, ou s'il a emmené son cheval ; 2° S'il a déserté étant de service, sauf les cas prévus par les articles 211 et 213 (n°s 1 et 2). 3° S'il a déserté antérieurement.	236
26. *Désertion des officiers à l'étranger.*	Tout officier coupable de désertion à l'étranger est puni *de la destitution*, avec *emprisonnement d'un à cinq ans*, si la désertion a eu lieu en temps de paix ; et *de la détention*, si la désertion a eu lieu en temps de guerre, ou d'un territoire en état de guerre ou de siége.	237
27. *Désertion à l'ennemi.*	Est puni *de mort*, avec *dégradation militaire*, tout militaire coupable de désertion à l'ennemi.	238
28. *Désertion en présence de l'ennemi.*	Est puni *de la détention* tout déserteur en présence de l'ennemi.	239
29. *Désertion avec complot*	**Définition.** Est réputée désertion avec complot toute désertion effectuée de concert par plus de deux militaires.	240

NOMENCLATURE alphabétique des crimes et délits militaires.	DISPOSITION ET SANCTION.	ARTICLES du Code.
N° 30. *Désertion avec complot en présence de l'ennemi, du chef de complot de désertion à l'étranger ou à l'intérieur, et désertion avec complot dans tous les autres cas.*	**Punition.** Est puni *de mort :* 1ᵈ *Le coupable* de désertion avec complot en présence de l'ennemi ; 2° Le chef du complot de désertion à l'étranger. Le chef du complot de désertion à l'intérieur est puni *de cinq à dix ans de travaux publics,* s'il est sous-officier, caporal, brigadier ou soldat, et *de la détention,* s'il est officier. Dans tous les autres cas, le coupable de désertion avec complot est puni *du maximum* de la peine portée aux articles 232, 236, 237 du Code, suivant la nature et les circonstances du crime ou du délit.	241
31. *Déserteur acquitté qui ne représente pas les effets qu'il avait emportés en désertant.*	Est puni *de 6 mois à 2 ans d'emprisonnement* tout militaire qui, acquitté du fait de désertion, ne représente pas le cheval qu'il aurait emmené, ou les armes ou effets qu'il aurait emportés.	245
32. *Désertion accompagnée d'un fait entraînant une peine plus grave que cette désertion.*	Si un militaire reconnu coupable de désertion est condamné par le même jugement pour un fait entraînant une peine plus grave, cette peine ne peut être réduite par l'admission des circonstances atténuantes.	243
33. *Destruction ou bris d'effets de toute nature appartenant à l'État.* ——— *Même délit commis par des officiers.*	Est puni *de deux à cinq ans de travaux publics* tout militaire qui, volontairement, détruit ou brise des armes, des effets de campement, de casernement, d'équipement ou d'habillement appartenant à l'État, soit que ces objets lui eussent été confiés pour le service, soit qu'ils fussent à l'usage d'autres militaires. Si le coupable est officier, la peine est celle *de la destitution* ou *d'un emprisonnement de deux à cinq ans.* S'il existe des circonstances atténuantes, la peine est réduite à *un emprisonnement de deux mois à cinq ans.*	254

NOMENCLATURE alphabétique des crimes et délits militaires.	DISPOSITION ET SANCTION.	ARTICLES du Code.
Nᵒ 34. *Destruction par l'explosion d'une mine des bâtiments, magasins, chantiers ou autres constructions à l'usage de l'armée.*	Est puni *de mort*, avec *dégradation militaire*, tout militaire qui, volontairement, détruit, par l'explosion d'une mine, des édifices, bâtiments, ouvrages militaires, magasins, chantiers, vaisseaux, navires ou bateaux à l'usage de l'armée. S'il existe des circonstances atténuantes, la peine est celle *des travaux forcés à temps.*	251
35. *Destruction ou dévastation par d'autres moyens que l'explosion d'une mine des bâtiments, magasins, chantiers ou autres constructions à l'usage de l'armée.*	Est puni *des travaux forcés à temps* tout militaire qui, volontairement, détruit ou dévaste par d'autres moyens que l'incendie ou l'explosion d'une mine, des édifices, bâtiments, ouvrages militaires, magasins, chantiers, vaisseaux, navires ou bateaux à l'usage de l'armée. S'il existe des circonstances atténuantes, la peine est celle *de la réclusion,* ou même *de deux à cinq ans d'emprisonnement,* et, en outre, *de la destitution,* si le coupable est officier.	252
36. *Destruction en présence de l'ennemi des moyens de défense, d'un matériel de guerre ou des approvisionnements de toute nature.*	Est puni *de mort*, avec *dégradation militaire*, tout militaire qui, dans un but coupable, détruit ou fait détruire, en présence de l'ennemi, des moyens de défense, tout ou partie d'un matériel de guerre, des approvisionnements en armes, vivres, munitions, effets de campement, d'équipement ou d'habillement. La peine est celle *de la détention* si le crime n'a pas eu lieu en présence de l'ennemi.	253
37. *Destructions des registres, minutes ou actes originaux de l'autorité militaire.*	Est puni *de la réclusion* tout militaire qui, volontairement, détruit, brûle ou lacère des registres, minutes ou actes originaux de l'autorité militaire S'il existe des circonstances atténuantes, la peine est celle *d'un emprisonnement de deux ans à cinq ans,* et, en outre, *de la destitution,* si le coupable est officier.	255

NOMENCLATURE alphabétique des crimes et délits militaires.	DISPOSITION ET SANCTION.	ARTICLES du Code.
N° 38. *Détournement d'effets de toute nature ou espèces confiés ou remis à un militaire pour le service.*	Est puni de *six mois à deux ans d'emprisonnement* tout militaire qui détourne les armes, munitions, effets et autres objets à lui remis pour le service.	245
39. *Détournement des deniers publics ou privés et autres effets qui étaient entre les mains des militaires, des administrateurs ou comptables militaires, en vertu de leurs fonctions ou emplois.*	Est puni *des travaux forcés à temps* tout militaire, tout administrateur ou comptable militaire qui détourne ou soustrait des deniers publics ou privés ou effets actifs en tenant lieu, ou des pièces, titres, actes, effets mobiliers qui étaient entre ses mains en vertu de ses fonctions, si les choses détournées ou soustraites sont d'une valeur au-dessus de trois mille francs. (C. P. ordinaire *art.*169, *annexe n°*20). La peine *des travaux forcés à temps* aura également lieu, quelle que soit la valeur des deniers ou effets détournés ou soustraits, si cette valeur égale ou excède, soit le tiers de la recette ou du dépôt, s'il s'agit de deniers ou effets une fois reçus ou déposés, soit le cautionnement, s'il s'agit d'une recette ou d'un dépôt attaché à une place sujette à cautionnement, soit enfin le tiers du produit commun de la recette pendant un mois, s'il s'agit d'une recette composée de rentrées successives et non sujette à cautionnement. S'il existe des circonstances atténuantes, la peine est celle *de la réclusion* ou *de deux ans à cinq ans d'emprisonnement*, et, dans ce dernier cas, *de la destitution*, si le coupable est officier (C.P.*art.*170,*annexe n°*20).	263

NOMENCLATURE alphabétique des crimes et délits militaires	DISPOSITION ET SANCTION.	ARTICLES du Code.
N° 40. *Dissimulation de l'existence de maladies ou d'infirmités par un médecin militaire dans l'exercice de ses fonctions.*	Est puni *d'un à quatre ans d'emprisonnement* tout médecin militaire qui, dans l'exercice de ses fonctions, et pour favoriser quelqu'un, dissimule l'existence de maladies ou infirmités. Il peut, en outre, être puni de la *destitution.* S'il a été mû par des dons ou promesses, il est puni *de la dégradation militaire.*	262
41. *Dissipation d'effets de toute nature ou espèce remis à un militaire pour le service.*	Est puni *de six mois à deux ans d'emprisonnement* tout militaire qui dissipe les armes, munitions, effets et autres objets à lui remis pour le service.	245
42. *Distribution de matières, denrées ou liquides falsifiés.*	Est puni *de la réclusion* tout militaire, tout administrateur ou comptable militaire qui, sciemment, distribue ou fait distribuer des substances, matières, denrées ou liquides falsifiés.	265
43. *Distribution de matières, denrées ou liquides corrompus ou gâtés.*	Est puni *de la réclusion* tout militaire, tout administrateur ou comptable militaire qui, dans un but coupable, distribue ou fait distribuer des matières, substances, denrées ou liquides corrompus ou gâtés.	265
44. *Distribution de viandes provenant d'animaux atteints de maladies contagieuses.*	Est puni *de la réclusion* tout militaire, tout administrateur ou comptable militaire qui, dans un but coupable, distribue ou fait distribuer des viandes provenant d'animaux atteints de maladies contagieuses. Si, dans les trois cas de distribution, ci-dessus mentionnés, il existe des circonstances atténuantes, la peine de *la réclusion* est réduite à celle de *l'emprisonnement d'un à cinq ans,* avec *destitution,* si le coupable est officier.	265

NOMENCLATURE alphabétique des crimes et délits militaires.	DISPOSITION ET SANCTION.	ARTICLES du Code.
N° 45. *Embauchage pour l'ennemi ou pour les rebelles.*	Est considéré comme embaucheur et puni *de mort* tout individu convaincu d'avoir provoqué des militaires à passer à l'ennemi ou aux rebelles armés, de leur en avoir sciemment facilité les moyens, ou d'avoir fait des enrôlements pour une puissance en guerre avec la France. Si le coupable est militaire, il est, en outre, puni de la *dégradation militaire*.	208
46. *Empêchement mis au ralliement des fuyards en présence de l'ennemi*	Est puni *de mort*, avec *dégradation militaire*, tout militaire qui empêche le ralliement des fuyards en présence de l'ennemi.	205
47. *Espionnage.*	Est considéré comme espion et puni *de mort*, avec *dégradation militaire*, tout militaire qui s'introduit dans une place de guerre, dans un poste ou établissement militaire, dans les travaux, camps, bivouacs ou cantonnements d'une armée, pour s'y procurer des documents ou renseignements dans l'intérêt de l'ennemi.	206
	Est également puni *de mort* tout ennemi qui s'introduit déguisé dans un des lieux désignés dans l'article précédent.	207
48. *Estropier ou tuer un cheval ou une bête de trait ou de somme au service de l'armée.*	Est puni *de deux à cinq ans de travaux publics* tout militaire qui, volontairement, estropie ou tue un cheval ou une bête de trait ou de somme employés au service de l'armée. Si le coupable est officier, la peine est celle de *la destitution* ou *d'un emprisonnement de deux à cinq ans*. S'il existe des circonstances atténuantes, la peine est réduite *à un emprisonnement de deux mois à cinq ans*.	254

NOMENCLATURE alphabétique des crimes et délits militaires.	DISPOSITION ET SANCTION.	ARTICLES du Code.
N° 49. *Falsification de subs-tances de denrées ou liquides.*	Est puni *de la réclusion* tout mi-litaire, tout administrateur ou comp-table militaire qui falsifie ou fait falsifier des substances, matières, denrées ou liquides confiés à sa garde ou placés sous sa surveillance. S'il existe des circonstances atté-nuantes, la peine de *la réclusion* est réduite à celle *d'un emprisonnement d'un à cinq ans*, avec *destitution*, si le coupable est officier.	265
50. *Faux en matière d'administration mili-taire.*	Est puni *des travaux forcés à temps* tout militaire, tout administrateur ou comptable militaire qui porte sciem-ment sur les rôles, les états de situa-tion ou de revue, un nombre d'hommes, de chevaux ou de journées de présence au-delà de l'effectif réel, qui exagère le montant des consommations ou commet tout autre faux dans les comptes. S'il existe des circonstances atté-nuantes, la peine est la *réclusion* ou *un emprisonnement de deux à cinq ans*. En cas de condamnation, l'officier coupable est, en outre, puni *de la destitution*.	257
51. *Faux certificat de maladies ou d'infirmi-tés délivré par un mé-decin militaire.*	Est puni *d'un à quatre ans d'em-prisonnement* tout médecin militaire qui, dans l'exercice de ses fonctions, et pour favoriser quelqu'un, certifie faus-sement l'existence de maladies ou infirmités. Il peut, en outre, être puni *de la destitution*. S'il a été mû par des dons ou pro-messes, il est puni *de la dégradation militaire*.	262

NOMENCLATURE alphabétique des crimes et délits militaires.	DISPOSITION ET SANCTION.	ARTICLES du Code.
N° 52. *Hostilités commises sur un territoire allié ou neutre, sans ordre, provocation ou autorisation.*	Est puni *de la destitution* tout chef militaire qui, sans provocation, ordre ou autorisation, commet un acte d'hostilité quelconque sur un territoire allié ou neutre.	226
53. *Hostilités prolongées après avoir reçu l'avis officiel de la paix ou d'un armistice.*	Est puni *de mort* tout chef militaire qui prolonge les hostilités après avoir reçu l'avis officiel de la paix, d'une trêve ou bien d'un armistice.	227
54. *Incendie de bâtiments ou autres constructions à l'usage de l'armée.*	Est puni *de mort*, avec *dégradation militaire*, tout militaire qui, volontairement, incendie, par un moyen quelconque, des édifices, bâtiments, ouvrages militaires, magasins, chantiers, vaisseaux, navires ou bateaux à l'usage de l'armée. S'il existe des circonstances atténuantes, la peine est celle *des travaux forcés à temps*.	231
55. *Insoumission des jeunes soldats, engagés volontaires ou remplaçants.*	Est considéré comme insoumis, et puni *d'un emprisonnement de six jours à un an*, tout jeune soldat appelé par la loi, tout engagé volontaire, ou tout remplaçant qui, hors les cas de force majeure, n'est pas rendu à sa destination dans le mois qui suit le jour fixé par son ordre de route. En temps de guerre, la peine est *d'un mois à deux ans d'emprisonnement*.	230
56. *Insulte envers une sentinelle ou vedette.*	Est puni *de six jours à un an d'emprisonnement* tout militaire qui insulte une sentinelle par paroles, gestes ou menaces.	220

NOMENCLATURE alphabétique des crimes et délits militaires.	DISPOSITION ET SANCTION.	ARTICLES du Code.
N° 57. *Intelligences avec l'ennemi.*	Est puni *de mort*, avec *dégradation militaire*, tout militaire qui entretient des intelligences avec l'ennemi, dans le but de favoriser ses entreprises.	205
58. *Intérêt pris ou reçu par les administrateurs ou comptables militaires dans les adjudications, entreprises ou régies, etc., dont ils avaient la surveillance ou l'administration.*	Est puni *des travaux forcés à temps* tout militaire, tout administrateur ou comptable militaire, qui, soit ouvertement, soit par actes simulés, soit par interposition de personnes, prend ou reçoit quelque intérêt que ce soit, dans les actes, adjudications, entreprises ou régies dont il a ou avait, au temps de l'acte, en tout ou en partie, l'administration ou la surveillance. La même peine est appliquée à tout militaire, tout administrateur ou comptable militaire qui prend un intérêt quelconque dans une affaire dont il était chargé d'ordonnancer le paiement ou de faire la liquidation. (C P. *article 175, annexe n° 20.*) S'il existe des circonstances atténuantes, la peine est celle *de la réclusion* ou *de deux ans à cinq ans d'emprisonnement*, et, dans ce dernier cas, *de la destitution*, si le coupable est officier.	263
59. *Livraison à l'ennemi du mot d'ordre, du secret, d'une opération militaire, etc.*	Est puni *de mort*, avec *dégradation militaire*, tout militaire qui livre à l'ennemi, ou dans l'intérêt de l'ennemi, soit la troupe qu'il commande, soit la place qui lui est confiée, soit les approvisionnements de l'armée, soit les plans des places de guerre, ou des arsenaux maritimes, des ports ou rades, soit le mot d'ordre ou le secret d'une opération, d'une expédition ou d'une négociation.	205

NOMENCLATURE alphabétique des crimes et délits militaires.	DISPOSITION ET SANCTION.	ARTICLES du Code.
N° 60. *Meurtre de son hôte, de sa femme ou de ses enfants.*	Tout militaire coupable de meurtre sur l'habitant chez lequel il reçoit le logement, sur sa femme ou sur ses enfants, est puni *de mort.*	256
61. *Mise en gage des effets militaires de toute nature confiés à un militaire pour le service.*	Est puni *de six mois à un an d'emprisonnement* tout militaire qui met en gage tout ou partie de ses effets d'armement, de grand équipement ou d'habillement, ou tout autre objet à lui confié pour le service. La peine est de *deux mois à six mois d'emprisonnement*, s'il s'agit d'effets de petit équipement.	246
62. *Négligence de la force armée dans la conduite ou la garde des détenus ou prisonniers de guerre.*	Toutes les fois qu'une évasion de détenus (ou prisonniers de guerre) aura lieu, les commandants en chef ou en sous ordre, soit de la gendarmerie, soit de la force armée servant d'escorte, ou garnissant les postes, les concierges, gardiens, geôliers, et tous autres préposés à la conduite, au transport ou à la garde des détenus ou prisonniers de guerre, seront punis ainsi qu'il suit : Si l'évadé était prévenu des délits de police, ou de crimes simpleme t infamants, ou s'il était prisonnier de guerre, les préposés à sa garde ou conduite seront punis, en cas de négligence, *d'un emprisonnement de six jours à deux mois;* sans préjudice de ce qui est dit aux articles 238 à 243, 247 et 248 du Code Pénal ordinaire, *(annexe n° 16).*	216

NOMENCLATURE alphabétique des crimes et délits militaires.	DISPOSITION ET SANCTION.	ARTICLES du Code.
N° 63. *Outrage envers son supérieur par paroles, gestes ou menaces.*	Tout militaire qui, pendant le service ou à l'occasion du service, outrage son supérieur par paroles, gestes ou menaces, est puni *de la destitution,* avec *emprisonnement d'un à cinq ans,* si ce militaire est officier, et *de cinq à dix ans de travaux publics,* s'il est sous-officier, caporal, brigadier ou soldat. Si les outrages n'ont pas eu lieu pendant le service, ou à l'occasion du service, la peine est de *un an à cinq ans d'emprisonnement.*	224
64. *Outrages ou menaces par paroles ou gestes envers le conseil de guerre, commis par un militaire.*	Tout militaire ou assimilé aux militaires qui se rend coupable d'outrages ou de menaces par propos ou gestes envers le conseil de guerre ou l'un de ses membres, est condamné séance tenante à la peine de *la destitution,* avec *emprisonnement d'un an à cinq ans,* si ce militaire est officier, et de *cinq à dix ans de travaux publics,* s'il est sous-officier, caporal, brigadier ou soldat.	115 Procéd.
65. *Outrages ou menaces commis envers le conseil de guerre par un particulier.*	Si le coupable d'outrages ou de menaces envers le conseil de guerre ou l'un de ses membres n'est ni militaire, ou assimilé aux militaires, il sera également, séance tenante, condamné à la peine *d'un mois à deux ans d'emprisonnement,* ou *de deux à cinq ans* de la même peine, si les outrages par paroles tendent à inculper l'honneur ou la délicatesse des membres du conseil ou de l'un deux seulement.	115
66. *Participation à des complots pour forcer un commandant de place à se rendre ou à capituler.*	Est puni *de mort,* avec *dégradation militaire,* tout militaire qui participe à des complots dans le but de forcer le commandant d'une place assiégée à se rendre ou à capituler.	205

NOMENCLATURE alphabétique des crimes et délits militaires.	DISPOSITION ET SANCTION.	ARTICLES du Cod.
Nº 67. *Pillage ou dégât commis par des militaires en bande.*	Est puni *de mort*, avec *dégradation militaire*, tout pillage ou dégât de denrées, marchandises ou effets, commis par des militaires en bande, soit avec armes ou à force ouverte, soit avec bris de portes et clôtures extérieures, soit avec violence envers les personnes. Le pillage en bande est puni *de la réclusion* dans tous les autres cas. Néanmoins, si, dans les cas prévus par le paragraphe premier, il existe parmi les coupables un ou plusieurs instigateurs, un ou plusieurs militaires pourvus de grades, la peine *de mort* n'est infligée qu'aux instigateurs et aux militaires les plus élevés en grade. Les autres coupables sont punis de la peine des *travaux forcés à temps*. S'il existe des circonstances atténuantes, la peine *de mort* est réduite à celle *des travaux forcés à temps*, la peine des *travaux forcés à temps* à celle de *la réclusion*, et la peine *de la réclusion* à celle *d'un emprisonnement d'un an à cinq ans*. En cas de condamnation à *l'emprisonnement*, l'officier coupable est, en outre, puni de *la destitution*.	250
68. *Prisonnier de guerre ayant faussé sa parole.*	Est puni *de mort* tout prisonnier de guerre qui, ayant faussé sa parole, est repris les armes à la main.	204
69. *Procurer à l'ennemi des documents ou des renseignements susceptibles de nuire aux opérations de l'armée.*	Est aussi considéré comme espion, et puni *de mort*, avec *dégradation militaire*, tout militaire qui procure à l'ennemi des documents et renseignements susceptibles de nuire aux opérations de l'armée ou de compromettre la sûreté des places, postes ou autres établissements militaires.	206

NOMENCLATURE alphabétique des crimes et delits militaires.	DISPOSITION ET SANCTION.	ARTICLES du Code.
N° 70. *Provocation à la désertion ou la favoriser.*	Tout militaire qui provoque ou favorise la désertion est puni de la peine encourue par le déserteur, selon les distinctions établies aux articles 232, 236, 237, 238, 239 et 241, numéros 22 et suivants, pages 15 à 17. Tout individu non militaire ou assimilé aux militaires qui, sans être embaucheur pour l'ennemi ou pour les rebelles, provoque ou favorise la désertion, est puni par le tribunal compétent *d'un emprisonnement de deux mois à cinq ans.*	242
71. *Provocation à la fuite en présence de l'ennemi.*	Est puni *de mort*, avec *dégradation militaire*, tout militaire qui provoque à la fuite en présence de l'ennemi.	205
72. *Rébellion envers la force armée et les agens de l'autorité.*	Tout militaire coupable de rébellion envers la force armée et les agents de l'autorité est puni de *deux à six mois d'emprisonnement* et de *six mois à deux ans* de la même peine, si la rébellion a eu lieu avec armes. Si la rébellion a été commise par plus de deux militaires, sans armes, les coupables sont punis *de deux à cinq ans d'emprisonnement*, et de *la réclusion*, si la rébellion a eu lieu avec armes. Toute rébellion commise par des militaires armés, au nombre de huit au moins, est puni conformément aux paragraphes 3 et 5 de l'article 217 du présent Code, n° 79, page 29. Le *maximum* de la peine est toujours infligé aux instigateurs ou chef de rébellion, et au militaire le plus élevé en grade *(Voir n° 166 pour la définition de ce délit).*	225

NOMENCLATURE alphabétique des crimes et délits militaires.	DISPOSITION ET SANCTION.	ARTICLES du Code.
N° 73. *Recel d'effets militaires de toute nature ou espèce confiés à un militaire pour le service.*	Est puni *d'un an à cinq ans d'emprisonnement*, tout militaire qui, sciemment, recèle un cheval, des effets d'armement, d'équipement ou d'habillement, des munitions ou tout autre objet confié à un militaire pour le service. La peine est *de six mois à un an d'emprisonnement* s'il s'agit d'effets de petit équipement.	244
74. *Recel d'espions ou d'ennemis envoyés à la découverte.*	Est encore considéré comme espion et puni *de mort*, avec *dégradation militaire*, tout militaire qui, sciemment, recèle ou fait receler les espions ou les ennemis envoyés à la découverte.	206
75. *Recel de prisonniers de guerre ou autres détenus évadés.*	Tout militaire qui recèle ou fait receler des prisonniers de guerre évadés ou des personnes qu'il savait avoir commis des crimes emportant une peine afflictive, est puni *de trois mois d'emprisonnement au moins et de deux ans au plus.* (Code pénal *article* 248, *annexe n° 16.*)	216
76. *Recel, réception en gage ou achat d'effets militaires de toute nature ou espèce par tout individu.*	Tout individu qui reçoit en gage, recèle ou achète des armes, munitions, effets d'habillement, de grand ou de petit équipement, ou tout autre objet militaire, dans les cas autres que ceux où les réglements autorisent leur mise en vente, est puni par le tribunal compétent de la *même peine que l'auteur* du délit. *(Voir aux n°ˢ 7, 61 et 73).*	247

NOMENCLATURE alphabétique des crimes et délits militaires.	DISPOSITION ET SANCTION.	ARTICLES du Code.
N° 77. *Refus d'obéissance envers ses supérieurs.*	Est puni *de mort*, avec *dégradation militaire*, tout militaire qui refuse d'obéir lorsqu'il est commandé pour marcher contre l'ennemi, ou pour tout autre service ordonné par son chef en présence de l'ennemi ou de rebelles armés. Si, hors le cas prévu par le paragraphe précédent, la désobéissance a eu lieu sur un territoire en état de guerre ou de siége, la peine est *de cinq à dix ans de travaux publics*, ou, si le coupable est officier, *de la destitution*, avec *emprisonnement de deux à cinq ans.* Dans tous les autres cas, la peine est celle de *l'emprisonnement d'un à deux ans*, ou, si le coupable est officier, celle de la *destitution.*	218
78. *Refus de siéger au conseil de guerre.*	Tout officier qui refuse de se rendre au conseil de guerre où il est appelé à siéger, peut-être puni *de la destitution.*	215
79. *Révolte des militaires contre leurs chefs.*	Sont considérés comme en état de révolte, et puni *de mort* : 1° Les militaires sous les armes qui, réunis au nombre de *quatre au moins* et agissant de concert, refusent à la première sommation d'obéir aux ordres de leurs chefs ; 2° Les militaires qui, au nombre de quatre au moins, prennent les armes sans autorisation et agissent contre les ordres de leurs chefs ; 3° Les militaires qui, réunis au nombre de huit au moins, se livrent à des violences en faisant usage de leurs armes, et refusent à la voix de leurs chefs de se disperser ou de rentrer dans l'ordre.	217

NOMENCLATURE alphabétique des crimes et délits militaires.	DISPOSITION ET SANCTION.	ARTICLES du Code.
Révolte des militaires contre leurs chefs.	Néanmoins, dans les cas prévus par le présent article, la peine *de mort* n'est infligée qu'aux instigateurs ou chefs de la révolte, et au militaire le plus élevé en grade. Les autres coupables sont punis *de cinq à dix ans de travaux publics*, ou s'ils sont officiers, *de la destitution* avec *emprisonnement de deux à cinq ans.* Dans le cas prévu par le n° 3 du présent article, si les coupables se livrent à des violences, sans faire usage de leurs armes, ils sont punis *de cinq à dix ans de travaux publics*, ou, s'ils sont officiers, *de la destitution* avec *emprisonnement de deux à cinq ans.*	Suite du 217
80. *Sommeil d'une sentinelle ou vedette.*	Tout militaire qui, étant en faction ou en vedette, est trouvé endormi, est puni : 1° *De deux à cinq ans de travaux publics*, s'il était en présence de l'ennemi ou de rebelles armés ; 2° *de six mois à un an d'emprisonnement*, si, hors le cas prévu par le paragraphe précédent, il était sur un territoire en état de guerre ou en état de siége : 3° *De deux mois à six mois d'emprisonnement* dans tous les autres cas.	212
81. *Trafic des deniers de l'État ou des militaires.*	Tout militaire, tout administrateur ou comptable militaire qui trafique à son profit des fonds ou deniers appartenant à l'État ou a des militaires, est puni *d'un emprisonnement d'un an à cinq ans.*	264

NOMENCLATURE alphabétique des crimes et délits militaires.	DISPOSITION ET SANCTION.	ARTICLES du Code.
No 82. *Trouble ou tumulte causé à l'audience d'un conseil de guerre par les assistants ou témoins.*	Tout individu qui, dans le but de mettre un obstacle au cours de la justice, cause du trouble ou du tumulte à l'audience d'un conseil de guerre est, séance tenante, déclaré coupable de rébellion par le conseil, et puni *d'un emprisonnement* qui ne peut excéder *deux ans*.	115 Procéd.
83. *Tumulte causé à l'audience d'un conseil de guerre par les accusés.*	Tout accusé qui, par des clameurs ou par tout autre moyen propre à causer du tumulte, met obstacle au libre cours de la justice, peut être condamné, séance tenante, pour ce seul fait, à *un emprisonnement* qui ne peut excéder *deux ans*.	119 Procéd.
84. *Usage de faux timbres ou marques militaires contrefaits.*	Est puni *d'un an à cinq ans d'emprisonnement*, tout militaire, tout administrateur ou comptable militaire qui, sciemment, fait usage de sceaux, de timbres ou marques militaires contrefaits.	259
85. *Usage préjudiciable aux intérêts de l'État ou des militaires des vrais sceaux, timbres ou marques militaires.*	Est puni de *la dégradation militaire* tout militaire, tout administrateur ou comptable militaire qui, s'étant procuré les vrais sceaux, timbres ou marques militaires destinés à être apposés, soit sur les actes ou pièces authentiques relatifs au service militaire, soit sur des effets ou objets quelconques appartenant à l'armée, en fait ou tente d'en faire un usage préjudiciable aux droits ou aux intérêts de l'État ou des militaires.	260
86. *Usage de faux poids ou de fausses mesures dans son service.*	Est puni *d'un an à cinq ans d'emprisonnement* tout militaire, tout administrateur ou comptable militaire qui fait sciemment usage, dans son service, de faux poids ou de fausses mesures.	258

NOMENCLATURE alphabétique des crimes et délits militaires.	DISPOSITION ET SANCTION.	ARTICLES du Code.
87. *Usurpation d'uniformes, insignes ou décorations.*	Est puni *d'un emprisonnement de deux mois à deux ans* tout militaire qui porte publiquement des décorations, médailles, insignes, uniformes ou costumes français sans en avoir le droit. La même peine est prononcée contre tout militaire qui porte des décorations, médailles ou insignes étrangers sans y avoir été préalablement autorisé.	266
88. *Vente d'effets de toute nature ou espèce confiés à un militaire pour le service.*	Est puni *d'un an à cinq ans d'emprisonnement* tout militaire qui vend son cheval, ses effets d'armement, d'équipement ou d'habillement, des munitions, ou tout autre objet à lui confié pour le service. La peine est de *six mois à un an d'emprisonnement*, s'il s'agit d'effets de petit équipement.	244
89. *Violation d'une consigne ou la forcer.*	Tout militaire qui viole ou force une consigne, est puni : 1° *De la peine de la détention*, si la consigne a été violée ou forcée en présence de l'ennemi ou de rebelles armés. 2° *De deux ans à dix ans de travaux publics*, ou, si le coupable est officier *de la destitution*, avec *emprisonnement de un an à cinq ans*. Quand, hors le cas prévu par le paragraphe précédent, le fait a eu lieu sur un territoire en état de guerre ou de siége 3° *D'un emprisonnement de 2 mois à 3 ans* dans tous les autres cas.	129

NOMENCLATURE alphabétique des crimes et délits militaires	DISPOSITION ET SANCTION.	ARTICLES du Code.
N° 90. *Violence envers une sentinelle ou vedette.*	Est puni *de mort* tout militaire coupable de violence à main armée envers une sentinelle ou vedette. Si les violences n'ont pas eu lieu à main armée et ont été commises par un militaire assisté d'une ou plusieurs personnes, la peine est de *cinq à dix ans de travaux publics.* Si, parmi les coupables, il se trouve un officier, il est puni de *la destitution,* avec *emprisonnement de deux à cinq ans.* La peine est réduite à un *emprisonnement d'un an à cinq ans,* si les violences ont été commises par un militaire seul et sans armes.	220
91. *Voie de fait envers son supérieur, avec préméditation ou guet-apens.*	Est puni *de mort,* avec *dégradation militaire,* toute voie de fait commise avec préméditation ou guet-apens par un militaire envers son supérieur.	221
92. *Voie de fait envers son supérieur commise étant sous les armes.*	Est puni *de mort,* toute voie de fait commise sous les armes par un militaire envers son supérieur.	222
93. *Voie de fait envers son supérieur exercée pendant le service ou à l'occasion du service.*	Les voies de fait exercées, pendant le service ou à l'occasion du service, par un militaire envers son supérieur, sont punies *de mort.*	223
94. *Voie de fait envers son supérieur n'ayant pas eu lieu pendant le service ou à l'occasion du service.*	Si les voies de fait, *envers son supérieur,* n'ont pas eu lieu pendant le service ou à l'occasion du service, le coupable est puni *de la destitution,* avec *emprisonnement de deux à cinq ans,* s'il est officier, et de *cinq à dix ans de travaux publics,* s'il est sous-officier, caporal, brigadier ou soldat	223

NOMENCLATURE a'phabétique des crimes et délits militaires.	DISPOSITION ET SANCTION.	ATICLERS du Code.
N° 95. *Voie de fait envers le conseil de guerre ou l'un de ses membres commise à l'audience par les assistants, les témoins ou les accusés.*	Lorsque les assistants, les témoins ou les accusés se rendent coupables de voies de fait envers le conseil de guerre ou l'un de ses membres, ils sont condamnés, séance tenante : S'ils sont militaires ou assimilés aux militaires, quels que soient leurs grades ou rangs, aux peines prononcées par le présent Code contre les crimes ou délits, lorsqu'ils ont été commis envers des supérieurs pendant le service *(Voir n° 93).* S'ils ne sont ni militaires, ni assimilés aux militaires, aux peines portées par le Code pénal, article 228 *(V. n° 179).*	115 et 119 — Procéd.
96. *Vol commis au préjudice de l'État ou des militaires.*	Le vol des armes et des munitions appartenant à l'État, celui de l'argent de l'ordinaire, de la solde, des deniers ou effets quelconques appartenant à des militaires ou à l'État, commis par des militaires qui en sont comptables, est puni *des travaux forcés à temps.* Si le coupable n'en est pas comptable, la peine est celle de *la réclusion.* S'il existe des circonstances atténuantes, la peine est celle *de la réclusion ou d'un emprisonnement de trois à cinq ans,* dans le cas du premier paragraphe, et celle d'un *emprisonnement d'un an à cinq ans,* dans le cas du deuxième paragraphe. En cas de condamnation à l'*emprisonnement* l'officier coupable est, en outre, puni *de la destitution.*	248

NOMENCLATURE alphabétique des crimes et délits militaires.	DISPOSITION ET SANCTION.	ARTICLES du Code.
N° 97. *Vol commis au pré-judice de son hôte.*	Est puni de la peine de *la réclusion,* et en cas de circonstances atténuantes *d'un emprisonnement d'un an à cinq ans,* tout militaire qui commet un vol au préjudice de l'habitant chez lequel il est logé.	248

OBSERVATIONS.

Les dispositions du Code pénal ordinaire sont applicables aux vols prévus par les paragraphes précédents (n°° 95 et 96), toutes les fois qu'en raison des circonstances, les peines qui y sont prononcées sont plus fortes que les peines prescrites par le Code de justice militaire *(Voir n°° 184 et suivants).*

     248

FIN DU CODE MILITAIRE.

EXTRAIT

DU

CODE PÉNAL ORDINAIRE.

—

SECONDE PARTIE.

—

NOMENCLATURE alphabétique des crimes et délits communs.	DISPOSITION ET SANCTION.	ARTICLES du Code.
N° 98. *Abus d'autorité contre les particuliers.*	Tout commandant ou agent de la force publique, qui agissant en sa dite qualité se sera introduit dans le domicile d'un citoyen contre le gré de celui-ci, hors des cas prévus par la loi, et dans les formalités qu'elle a prescrites, sera puni *d'un emprisonnement de six jours à un an*, et d'une amende de seize francs à cinq cents francs. Si néanmoins il justifie qu'il a agi par ordre de ses supérieurs pour des objets du ressort de ceux-ci, sur lesquels il leur était dû obéissance hiérarchique, il sera exempt de la peine, laquelle sera, dans ce cas, appliquée seulement aux supérieurs qui auront donné ordre.	184. et 114
99. *Abus de blanc seing.* — *Abus de confiance.*	Quiconque abusant d'un blanc seing qui lui aura été confié, aura frauduleusement écrit au-dessus une obligation ou décharge ou tout autre acte pouvant compromettre la personne ou la fortune du signataire, sera puni *d'un emprisonnement d'un an au moins et de cinq ans au plus*, et d'une amende de cinquante francs au moins et de mille francs au plus. Dans le cas où le blanc seing ne lui aurait pas été confié, il sera poursuivi comme faussaire et puni comme tel (*Voir n°s 135 et 136).*	407 et 405

CODE PÉNAL ORDINAIRE.

NOMENCLATURE lphabetique des crimes et délits communs.	DISPOSITION ET SANCTION.	ARTICLES du Code.
N° 100. `Assassinat.`	Tout meurtre, commis avec préméditation ou guet-apens, est qualifié assassinat. La préméditation consiste dans le dessein formé, avant l'action, d'attenter à la vie d'un individu déterminé, ou même de celui qui sera rencontré, quand même ce dessein dépendrait de quelque circonstance ou de quelque condition. Le guet-apens consiste à attendre plus ou moins de temps, dans un ou divers lieux, un individu, soit pour lui donner la mort, soit pour exercer sur lui des actes de violences. Tout coupable d'assassinat sera puni `de mort`, sans préjudice de la disposition contenue en l'art. 13 du Code pénal ordinaire relativement au `parricide`.	296 295 298 et 302
101. `ttentats contre la ou la personne de pereur, ou des bres de la famille ériale.`	L'attentat contre la vie ou la personne de l'`Empereur` est puni de la peine du `parricide`. L'attentat contre la vie des membres de la famille impériale est puni `de mort` L'attentat contre la personne des membres de la Famille impériale est puni `de la déportation` dans une enceinte fortifiée.	86 et loi du 10 juin 1853.
102. `ttentat contre l'au- té impériale, dans ut de changer ou de uire le gouverne- t.`	L'attentat dont le but est, soit de détruire ou de changer le gouvernement ou l'ordre de successibilité au trône, soit d'exciter les citoyens ou habitants à s'armer contre l'autorité impériale, est puni `de la déportation` dans une enceinte fortifiée.	87
103. `ttentat à la pudeur un enfant de moins nze ans.`	Tout attentat à la pudeur, consommé ou tenté sans violence sur la personne d'un enfant, de l'un ou de l'autre sexe, âgé de moins de onze ans, sera puni `de la réclusion`.	331

NOMENCLATURE alphabetique des crimes et delits communs.	DISPOSITION ET SANCTION.	ARTICLES du Code.
N° 104. *Attentat à la pudeur consommé ou tenté avec violence.*	Quiconque aura commis un attentat à la pudeur consommé ou tenté avec violence contre des individus, de l'un ou de l'autre sexe, sera puni *de la réclusion.*	332
105. *Attentat à la pudeur avec violence sur un enfant au-dessous de l'âge de quinze ans.*	Si l'attentat à la pudeur a été commis avec violence sur la personne d'un enfant au-dessous de l'âge de quinze ans accomplis, le coupable subira la peine des *travaux forcés à temps*	332
106. *Attroupement armé ou non armé sur la voie publique.*	Tout attroupement armé, formé sur la voie publique, est interdit. Est également interdit sur la voie publique tout attroupement non armé qui pourrait troubler la tranquillité publique. Si après deux sommations consécutives annoncées par un roulement de tambour, les individus attroupés ne se sont pas retirés et font résistance à l'autorité locale qui a fait les sommations, ils seront dissipés par la force. L'attroupement non armé, en cas de résistance à l'autorité, sera dissipé de même, après trois sommations consécutivement faites. Quiconque ayant fait partie d'un attroupement armé ou non armé, sera puni conformément aux articles 4 et 5 de ladite loi.	Loi du 7 juin 1848, art. 4 et 5.
107. *Blessures ou coups ayant occasionné une maladie ou incapacité de travail personnel pendant plus de vingt jours ou la mort.*	Sera puni *de la réclusion* tout individu qui, volontairement, aura fait des blessures ou porté des coups, s'il est résulté de ces sortes de violences une maladie ou incapacité de travail personnel pendant plus de vingt jours. Si les coups portés ou les blessures faites volontairement, mais sans intention de donner la mort, l'ont pourtant occasionnée, le coupable sera puni de la peine des *travaux forcés à temps.*	309

NOMENCLATURE alphabétique des crimes et délits communs.	DISPOSITION ET SANCTION.	ARTICLES du Code.
N° 108. *Blessures ou coups avec préméditation ou guet-apens.*	Lorsqu'il y aura eu préméditation ou guet-apens, la peine sera, si la mort s'en est suivie, celle *des travaux forcés à perpétuité*, et si la mort ne s'en est pas suivie, celle *des travaux forcés à temps*.	310
109. *Blessures ou coups n'ayant occasionné aucune maladie ou incapacité de travail.*	Lorsque les blessures et les coups n'auront occasionné aucune maladie ou incapacité de travail personnel de l'espèce mentionnée en l'article 309 (n° 107), le coupable sera puni *d'un emprisonnement de six jours à deux ans*, et d'une amende de seize francs à deux cents francs, ou l'une de ces deux peines seulement. S'il y a eu préméditation ou guet-apens, *l'emprisonnement sera de deux à cinq ans*, et l'amende de cinquante francs à cinq cents francs.	311
110. *Blessures faites à des bestiaux ou des chiens de garde.*	Toute personne convaincue d'avoir, de dessein prémédité, méchamment, sur le territoire d'autrui, blessé des bestiaux ou chiens de garde, sera condamnée à une amende double de la somme du dédommagement. Le délinquant pourra être détenu *un mois*, si l'animal n'a été que blessé, et *six mois*, si l'animal est mort de sa blessure ou en est resté estropié. *La détention* pourra être *du double*, si le délit a été commis la nuit dans une étable, ou dans un enclos rural.	Loi du 6 oct. 1791, titre 2, art. 30

NOMENCLATURE alphabétique des crimes et délits communs.	DISPOSITION ET SANCTION.	ARTICLES du Code.
N° 111. *Complicité d'un crime ou d'un délit.*	Les complices d'un crime ou d'un délit, seront punis de la même peine que les auteurs mêmes de ce crime ou délit, sauf les cas où la loi en aurait disposé autrement.	59
	Seront punis comme complices d'une action qualifiée crime ou délit : 1° Ceux qui, par dons, promesses, menaces, abus d'autorité ou de pouvoir, machinations ou artifices coupables, auront provoqué à cette action ou donné des instructions pour la commettre ; 2° Ceux qui auront procuré des armes, des instruments, ou tout autre moyen qui aura servi à l'action, sachant qu'ils devaient y servir ; 3° Ceux qui auront, avec connaissance, aidé ou assisté l'auteur ou les auteurs de l'action, dans les faits qui l'auront préparée ou facilitée, ou dans ceux qui l'auront consommée; sans préjudice des peines qui seront spécialement portées par le présent Code contre les auteurs de complots ou de provocations attentatoires à la sûreté de l'Etat, même dans le cas où le crime qui était l'objet des provocateurs n'aurait pas été commis.	60
112. *Complicité d'adultère.*	Le complice d'une femme adultère sera puni *d'un emprisonnement de trois mois au moins et de deux ans au plus*, et, en outre, d'une amende de cent francs à deux mille francs.	337 et 338

NOMENCLATURE alphabétique des crimes et delits communs.	DISPOSITION ET SANCTION.	ARTICLES du Code.
Nº 113. *Contrefaçon ou altération de monnaies d'or ou d'argent.*	Quiconque aura contrefait ou altéré les monnaies d'or ou d'argent ayant cours légal en France, ou participé à l'émission ou exposition desdites monnaies contrefaites ou altérées, ou à leur introduction sur le territoire français, sera puni de la peine *des travaux forcés à perpétuité.*	132
114. *Contrefaçon ou altération de monnaies de billon ou de cuivre.*	Celui qui aura contrefait ou altéré la monnaie de billon ou de cuivre, ayant cours légal en France, ou participé à l'émission ou exposition desdites monnaies contrefaites ou altérées, ou leur introduction sur le territoire français, sera puni de la peine *des travaux forcés à temps.*	133
115. *Contrefaçon ou falsification de billets de banque ou autres effets publics.*	Ceux qui auront contrefait ou falsifié, soit des effets émis par le Trésor public avec son timbre, soit des billets de banque autorisé par la loi, ou qui auront fait usage de ces effets contrefaits ou falsifiés, ou qui les auront introduits dans l'enceinte du territoire français, seront punis *des travaux forcés à perpétuité.* (Voir nº 113.)	139
116. *Dégradations ou destructions de monuments, etc.*	Quiconque aura détruit, abattu, mutilé ou dégradé des monuments, statues ou autres objets destinés à l'utilité ou à la décoration publique, et élevés par l'autorité publique ou avec son autorisation, sera puni *d'un emprisonnement d'un mois à deux ans, et d'une amende de cent francs à cinq cents francs.*	257

NOMENCLATURE alphabétique des crimes et délits communs.	DISPOSITION ET SANCTION.	ARTICLES du Code.
N° 117. *Dégradation ou abatage d'arbres dans les champs, etc.*	Quiconque aura abattu un ou plusieurs arbres qu'il savait appartenir à autrui, sera puni *d'un emprisonnement* qui ne sera pas au-dessous *de six jours* ni au-dessus *de six mois*, à raison de chaque arbre, sans que la totalité puisse excéder *cinq ans.*	445
	Les peines seront les mêmes à raison de chaque arbre mutilé, coupé ou écorché de manière à le faire périr.	446
	S'il y a destruction de plusieurs greffes *l'emprisonnement* sera *de six jours à deux mois*, à raison de chaque greffe, sans que la totalité puisse excéder *deux ans.* — Le minimum de la peine sera *de vingt jours* dans le cas des articles 445 et 446, et *de dix jours* dans le cas de l'article 447, si les arbres étaient plantés sur les places, routes, chemins, rues ou voies publiques ou vicinales ou de traverse.	447 448
118. *Détournement ou dissipation d'effets, deniers, etc., au préjudice d'autrui.* — *Abus de confiance.*	Quiconque aura détourné ou dissipé au préjudice des propriétaires, possesseurs ou détenteurs des effets, deniers, marchandises, billets, quittances ou autres écrits contenant ou opérant obligation ou décharge, qui ne lui auraient été remis qu'à titre de louage, de dépôt, de mandat, ou pour un travail salarié ou non salarié, à la charge de les rendre ou représenter ou d'en faire usage ou un emploi déterminé, sera puni *d'un emprisonnement de deux mois au moins et de deux ans au plus,* et d'une amende qui ne pourra excéder le quart des restitutions et des dommages-intérêts qui seront dus aux parties lésées ni être moindre de vingt francs.	408 et 406

NOMENCLATURE alphabétique des crimes et délits communs.	DISPOSITION ET SANCTION.	ARTICLES du Code.
N° 119. *Destruction ou bris de clôture.*	Quiconque aura, en tout ou en partie, comblé des fossés, *détruit des clôtures*, de quelques matériaux qu'elles soient faites, coupé ou arraché des haies vives ou sèches, quiconque aura déplacé ou supprimé des bornes ou pieds corniers, ou autres arbres plantés ou reconnus pour établir les limites entre les héritages, sera puni *d'un emprisonnement* qui ne pourra être au-dessous *d'un mois* ni excéder *une année*, et d'une amende égale au quart des restitutions et dommages-intérêts, qui, dans aucun cas, ne pourra être au-dessous de cinquante francs.	456
120. *Dévastation de récoltes.*	Quiconque aura dévasté des récoltes sur pieds ou des plants venus naturellement ou faits de main d'homme, sera puni *d'un emprisonnement de deux ans au moins et de cinq ans au plus.* Les coupables pourront de plus être mis par l'arrêt ou le jugement sous la surveillance de la haute police pendant *cinq ans au moins et dix ans au plus.*	444
121. *Empoisonnement d'une personne.*	Est qualifié empoisonnement tout attentat à la vie d'une personne par l'effet de substances qui peuvent donner la mort plus ou moins promptement de quelque manière que ces substances aient été employées ou administrées, et qu'elles qu'en aient été les suites.	301
	Tout coupable d'empoisonnement sera puni *de mort*, sans préjudice de la disposition particulière contenue en l'article 13 relativemeut au *parricide*.	302

NOMENCLATURE alphabétique des crimes et délits communs.	DISPOSITION ET SANCTION.	ARTICLES du Code.
N° 122. *Empoisonnement d'animaux.*	Quiconque aura empoisonné des chevaux ou autres bêtes de voiture, de monture ou de charge, des bestiaux à cornes, des moutons, chèvres ou porcs, ou des poissons dans les étangs, viviers ou réservoirs, sera puni *d'un emprisonnement d'un an à cinq ans,* et d'une amende de seize francs à trois cents francs. Les coupables pourront être mis, par l'arrêt ou le jugement, sous la surveillance de la haute police pendant *deux ans au moins et cinq ans au plus.*	452
123. *Escroqueries.*	Quiconque soit en faisant usage de faux noms ou de fausses qualités, soit en employant des manœuvres frauduleuses pour persuader l'existence de fausses entreprises, d'un pouvoir ou d'un crédit imaginaire, ou pour faire naître l'espérance ou la crainte d'un succès, d'un accident ou de tout autre évènement chimérique, se sera fait remettre ou délivrer des fonds, des meubles ou des obligations, dispositions. billets, promesses, quittances ou décharges, et aura, par un de ces moyens, escroqué ou tenté d'escroquer la totalité ou partie de la fortune d'autrui, sera puni *d'un emprisonnement d'un an au moins et de cinq ans au plus*, et d'une amende de cinquante francs au moins et de trois mille francs au plus. Le coupable pourra être, en outre, à compter du jour où il aura subi sa peine, interdit, pendant *cinq ans au moins et dix ans au plus*. des droits civiques, civils et de famille, le tout sauf les peines plus graves s'il y a crime de faux.	405

NOMENCLATURE alphabétique des crimes et délits communs.	DISPOSITION ET SANCTION.	ARTICLES du Code.
N° 124. *Évasion de détenus par négligence ou connivence de l'escorte ou des gardiens.*	Toutes les fois qu'une évasion de détenus aura lieu, les huissiers, les commandants en chef ou en sous ordre, soit de la gendarmerie, soit de la force armée, servant d'escorte ou garnissant les postes, les concierges, gardiens, geôliers et tous autres préposés à la conduite, au transport ou à la garde des détenus, seront punis ainsi qu'il suit :	237
125. *Évasion de détenus, prévenus de délits de police, etc.*	Si l'évadé était prévenu de délits de police ou crimes simplement affamants, ou s'il était prisonnier de guerre, les préposés à sa garde ou conduite seront punis, en cas de négligence, *d'un emprisonnement de six jours à deux mois;* et en cas de connivence *d'un emprisonnement de six mois à deux ans.* Ceux qui n'étant pas chargé de la garde ou de la conduite du détenu, auront procuré ou facilité son évasion, seront punis *de six jours à trois mois d'emprisonnement.*	238
126. *Évasion de détenus accusés de crime emportant une peine afflictive à temps.*	Si les détenus évadés, ou l'un deux, étaient prévenus ou accusés d'un crime de nature à entraîner une peine afflictive à temps, ou condamnés pour l'un de ces crimes, la peine sera contre les préposés à la garde ou à la conduite, en cas de négligence *un emprisonnement de deux mois à six mois,* en cas de connivence, *la réclusion.* Les individus non chargés de la garde des détenus, qui auront procuré ou facilité l'évasion, seront punis *d'un emprisonnement de trois mois à deux ans.*	239

NOMENCLATURE alphabétique des crimes et délits communs.	DISPOSITION ET SANCTION.	ARTICLES du Code.
N° 127. *Évasion de détenus accusés de crime emportant la mort ou des peines perpétuelles.*	Si les évadés, ou l'un deux, sont prévenus ou accusés de crimes de nature à entraîner la peine *de mort*, ou des peines perpétuelles, ou s'ils sont condamnés à l'une de ces peines, leurs conducteurs ou gardiens seront punis *d'un an à deux ans d'emprisonnement*, en cas de négligence ; et *des travaux forcés* en cas de connivence. Les individus non chargés de la conduite ou de la garde des détenus qui auront facilité ou procuré l'évasion, seront punis *d'un emprisonnement d'un an au moins et de cinq ans au plus.*	240
128. *Évasion de détenus par bris de prison ou par violences.*	A l'égard des individus qui se seront évadés ou qui auront tenté de s'évader par bris de prison ou par violence, ils seront, pour ce seul fait, punis *de six mois à un an d'emprisonnement*, et subiront cette peine immédiatement après l'expiration de celle qu'ils auront encourue pour le crime ou délit à raison duquel ils étaient détenus, ou immédiatement après l'arrêt ou le jugement qui les aura acquitté ou renvoyé absout du crime ou délit, le tout sans préjudice de peines plus fortes qu'ils auraient pu encourir pour d'autres crimes qu'ils auraient commis dans leurs violences.	245
129. *Extorsion de signatures.*	Quiconque aura extorqué par force, violence ou contrainte, la signature, ou la remise d'un écrit, d'un acte, d'un titre, d'une pièce quelconque contenant ou opérant obligation, disposition ou décharge, sera puni de la peine *des travaux forcés à temps.*	400

NOMENCLATURE alphabétique des crimes et délits communs.	DISPOSITION ET SANCTION.	ARTICLES du Code.
N° 130. *Fabrication ou falsification de passe-port.*	Quiconque fabriquera un faux passe-port ou falsifiera un passe-port originairement véritable, ou fera usage d'un passe-port fabriqué ou falsifié, sera puni *d'un emprisonnement d'un an au moins et de cinq ans au plus*	153
131. *Fabrication de passe-port sous un nom supposé.*	Quiconque prendra dans un passe-port un nom supposé, ou aura concouru comme témoin à faire délivrer le passe-port sous le nom supposé, sera puni *d'un emprisonnement de trois mois à un an.*	254
132. *Fabrication ou falsification de feuille de route.*	Quiconque fabriquera une feuille de route ou qui falsifiera une feuille de route originairement véritable, ou fera usage d'une feuille de route fabriquée ou falsifiée, sera puni, savoir : *D'un emprisonnement d'une année au moins et de cinq ans au plus,* si la fausse feuille de route n'a eu pour objet que de tromper la surveillance de l'autorité publique ; *Du bannissement,* si le trésor public a payé au porteur de la fausse feuille des frais de route qui ne lui étaient pas dus ou qui excédaient ceux auxquels il pourrait avoir droit, le tout, néanmoins au-dessous de cent francs. *Et de la réclusion,* si les sommes indûment reçues par le porteur de la feuille de route s'élèvent à cent francs et au-delà.	156
133. *Fabrication de feuille de route sous un nom supposé.*	Les peines portées en l'article précédent seront appliquées, selon les distinctions qui y sont *établies*, à toute personne qui se sera fait délivrer, par l'officier public, une feuille de route sous un nom supposé.	157

NOMENCLATURE alphabétique des crimes et délits communs.	DISPOSITION ET SANCTION.	ARTICLES du Code.
N° 134. *Fabrication ou falsification de certificat.*	Quiconque fabriquera, sous le nom d'un fonctionnaire ou officier public, un certificat de bonne conduite, indigence ou autres circonstances propres à appeler la bienveillance du gouvernement ou des particuliers sur la personne y désignée, et à lui procurer place, crédit ou secours, sera puni *d'un emprisonnement de six mois à deux ans.* La même peine sera appliquée : 1° A celui qui falsifiera un certificat de cette espèce, originairement véritable, pour l'approprier à une personne autre que celle à laquelle il a été primitivement délivré ; 2° A tout individu qui se sera servi du certificat ainsi fabriqué ou falsifié.	161
135. *Faux en écriture authentique et publique.*	Sera punie *des travaux forcés à temps* toute personne, autre qu'un fonctionnaire ou officier public, qui aura commis un faux en écriture authentique et publique, ou en écriture de commerce ou de banque, soit par contrefaçon ou altération d'écriture ou de signature, soit par fabrication de conventions, dispositions, obligations ou décharges, ou par leur insertion après coup dans ces actes, soit par addition ou altération de clauses, de déclaration ou de faits que ces actes avaient pour objet de recevoir et de constater. Dans tous les cas exprimés au précédent paragraphe celui qui aura fait usage des actes faux, sera puni *des travaux forcés à temps.*	147 et 148

NOMENCLATURE alphabétique des crimes et délits communs	DISPOSITION ET SANCTION.	ARTICLES du Code.
N° 136. *Faux en écriture privée.*	Tout individu qui aura, de l'une des manières exprimées en l'article 147, commis un faux en écriture privée, sera puni *de la réclusion.* Sera puni de la même peine celui qui aura fait usage de la pièce fausse.	150 et 151
137 *Faux témoignage en matière criminelle.*	Quiconque sera coupable de faux témoignage en matière criminelle, soit contre l'accusé, soit en sa faveur, sera puni *des travaux forcés à temps.* Si néanmoins l'accusé a été condamné à une peine plus forte que celle *des travaux forcés à temps,* le faux témoin qui a déposé contre lui subira la même peine.	361
138. *Faux témoignage en matière correctionnelle ou de police.*	Quiconque sera coupable de faux témoignage en matière correctionnelle, soit contre le prévenu, soit en sa faveur, sera puni *de la réclusion.* Quiconque sera coupable de faux témoignage en matière de police, soit contre le prévenu, soit en sa faveur, sera puni *de la dégradation civique* et de la peine de *l'emprisonnement pour un an au moins et cinq ans au plus.*	362
139. *Faux témoignage en matière civile.*	Le coupable de faux témoignage en matière civile sera puni *de la réclusion.*	363
140. *Faux témoignage récompensé par le suborneur.*	Le faux témoin en matière correctionnelle ou civile, qui aura reçu de l'argent, une récompense quelconque ou des promesses, sera puni *des travaux forcés à temps.* Le faux témoin en matière de police, qui aura reçu de l'argent, une récompense quelconque ou des promesses, sera puni *de la réclusion.* Dans tous les cas ce que le faux témoin aura reçu sera confisqué.	364

NOMENCLATURE alphabétique des crimes et délits communs.	DISPOSITION ET SANCTION.	ARTICLES du Code.
N° 141. *Fraude en matière de recrutement.*	Quiconque aura concouru, soit comme auteur, soit comme complice, au remplacement ou à la substitution d'un jeune soldat, soit au moyen de pièces fausses ou de manœuvres frauduleuses, sera puni *d'un emprisonnement de trois mois à deux ans*, sans préjudice de peines plus graves en cas de faux.	Loi du 21 mars 1832, art. 3.
142. *Homicide, blessures et coups involontaires.*	Quiconque, par maladresse, imprudence, inattention, négligence ou inobservation des réglements, aura commis involontairement un homicide, ou en aura été involontairement la cause, sera puni *d'un emprisonnement de trois mois à deux ans*, et d'une amende de cinquante fr. à six cents fr. S'il n'est résulté du défaut d'adresse ou de précaution que des blessures ou des coups *l'emprisonnement sera de six jours à deux mois*, et l'amende sera de seize francs à cent francs.	319 C. P. 320
143. *Interruption des exercices d'un culte.*	Ceux qui auront empêché, retardé ou interrompu les exercices d'un culte par des troubles ou des désordres causés dans le temple ou autre lieu destiné ou servant actuellement à ces exercices, seront punis d'une amende de seize francs à cinq cents francs, et *d'un emprisonnement de quinze jours à trois mois.*	261

NOMENCLATURE alphabétique des crimes et délits communs.	DISPOSITION ET SANCTION.	ARTICLES du Code.
Nº 144. *Maladie ou incapacité de travail occasionné à autrui en lui administrant des substances nuisibles à la santé.*	Celui qui aura occasionné à autrui une maladie ou incapacité de travail personnel, en lui administrant volontairement de quelque manière que ce soit, des substances qui, sans être de nature à donner la mort, sont nuisibles à la santé, sera puni *d'un emprisonnement d'un mois à cinq ans,* et d'une amende de seize francs à cinquante francs ; il pourra de plus être renvoyé sous la surveillance de la haute police *pendant deux ans au moins et dix ans au plus.* Si la maladie ou incapacité de travail a durée plus de vingt jours, la peine sera celle *de la réclusion.*	317
145. *Mauvais traitements exercés envers des animaux domestiques.*	Seront punis d'une amende de cinq francs à quinze francs, et pourront l'être d'un à cinq jours de prison, ceux qui auront exercé publiquement et abusivement de mauvais traitements envers les animaux domestiques. La peine *de la prison* sera toujours appliquée en cas de récidive.	Loi du 15 mars, etc., 1850
146. *Menaces par écrit contre les personnes, avec ordre ou condition.*	Quiconque aura menacé, par écrit anonyme ou signé, d'assassinat, d'empoisonnement ou de tout autre attentat contre les personnes qui seraient punissables de la peine *de mort, des travaux forcés à perpétuité* ou de *la déportation,* sera puni *des travaux forcés à temps,* dans le cas où la menace aurait été faite avec ordre de déposer une somme d'argent dans un lieu indiqué, ou de remplir toute autre condition.	C. P. 305
147. *Menaces non accompagnées d'un ordre ou d'une condition.*	Si cette menace n'a été accompagnée d'aucun ordre ou condition, la peine est celle *d'un emprisonnement de deux ans au moins et de cinq ans au plus,* et d'une amende de vingt-cinq francs à trois cents francs.	306

NOMENCLATURE alphabétique des crimes et délits communs.	DISPOSITION ET SANCTION.	ARTICLES du Code.
N° 148. *Menaces verbales avec ordre ou condition.*	Si la menace faite, à l'article 305 (n° 146), avec ordre ou sous condition, a été verbale, le coupable sera puni *d'un emprisonnement de six mois à deux ans*, et d'une amende de vingt-cinq francs à trois cents francs. Dans les cas prévus par les deux précédents articles (n°ˢ 147 et 148), le coupable pourra de plus être mis par l'arrêté ou le jugement sous la surveillance de la haute police *pendant cinq ans au moins et dix ans au plus.*	307 et 308
149. *Mendicité.*	Toute personne qui aura été trouvée mendiant dans un lieu pour lequel il existera un établissement public organisé afin d'obvier à la mendicité, sera punie *de trois à six mois d'emprisonnement*, et sera, à l'expiration de sa peine, conduit au dépôt de mendicité. Dans les lieux où il n'existe point encore de tels établissements, les mendiants d'habitudes valides seront punis *d'un mois à trois mois d'emprisonnement*. S'ils ont été arrêtés hors du canton de leur résidence, ils seront punis *d'un emprisonnement de six mois à deux ans.*	274 et 275
150. *Meurtre.*	L'homicide commis volontairement est qualifié meurtre. Le coupable de meurtre sera puni *des travaux forcés à perpétuité.* (Voir n° 151).	295 et 304

NOMENCLATURE alphabétique des crimes et délits communs.	DISPOSITION ET SANCTION.	ARTICLES du Code.
N° 151. *Meurtre accompagné d'un autre crime.*	Le meurtre emportera la peine *de mort*, lorsqu'il aura précédé, accompagné ou suivi un autre crime, le meurtre emportera également la peine *de mort*, lorsqu'il aura eu pour objet, soit de préparer, faciliter ou exécuter un délit, soit de favoriser la fuite ou d'assurer l'impunité des auteurs ou complices de ce délit. En tout autre cas, le coupable de meurtre sera puni *des travaux forcés à perpétuité* (Voir n° 150).	304
152. *Mort donnée, sans nécessité, à des animaux appartenant à autrui.*	Ceux qui, sans nécessité, auront tué des chevaux ou autres bêtes de voiture, de monture ou de charge, des bestiaux à cornes, des moutons, chèvres ou porcs, ou des poissons dans les étangs, viviers ou réservoirs, seront punis ainsi qu'il suit : Si le délit a été commis dans les bâtiments, enclos, dépendances ou sur les terres dont le maître de l'animal était propriétaire, locataire, colon ou fermier, la peine sera *d'un emprisonnement de deux mois à six mois.* S'il a été commis dans les lieux dont le coupable était propriétaire, locataire, colon ou fermier, *l'emprisonnement sera de six jours à un mois* S'il a été commis dans tout autre lieu, *l'emprisonnement sera de quinze jours à six semaines.* Le maximum de la peine sera toujours prononcé en cas de violation de clôture.	453
153. *Mort donnée, sans nécessité, à un animal domestique.*	Quiconque aura, sans nécessité, tué un animal domestique dans un lieu dont celui-ci à qui cet animal appartient est propriétaire, locataire, colon ou fermier, sera puni *d'un emprisonnement de six jours au moins et de six mois au plus.* S'il y a eu violation de clôture, le maximum de la peine sera prononcé.	454

NOMENCLATURE alphabétique des crimes et délits communs.	DISPOSITION ET SANCTION.	ARTICLES du Code.
N° 154. *Offense envers la personne de l'Empereur.*	Toute offense commise publiquement envers la personne de l'*Empereur* est punie *d'un emprisonnement de six mois à cinq ans*, et d'une amende de cinq cents francs à dix mille francs. Le coupable peut, en outre, être interdit de tout ou partie des droits mentionnés en l'article 42 pendant un temps égal à celui de l'emprisonnement auquel il a été condamné, ce temps court du jour où il a subi sa peine. .	86
155. *Offense envers les membres de la famille impériale.*	Toute offense commise publiquement envers les membres de la famille impériale est punie *d'un emprisonnement d'un mois à trois ans*, et d'une amende de cent francs à dix mille francs.	Loi du 10 juin 1853
156. *Outrage par parole envers un magistrat dans l'exercice de ses fonctions.*	Lorsqu'un ou plusieurs magistrats de l'ordre administratif ou judiciaire auront reçu dans l'exercice de leurs fonctions, ou à l'occasion de cet exercice, quelque outrage par parole tendant à inculper leur honneur ou leur délicatesse, celui qui les aura ainsi outragés, sera puni *d'un emprisonnement d'un mois à deux ans*. Si l'outrage a eu lieu à l'audience d'une cour ou d'un tribunal, *l'emprisonnement sera de deux à cinq ans.*	222
157. *Outrage par geste ou menace envers un magistrat dans l'exercice de ses fonctions.*	L'outrage fait par gestes ou menaces à un magistrat dans l'exercice de ses fonctions, sera puni *d'un mois à six mois d'emprisonnement*, et si l'outrage a eu lieu à l'audience d'une cour ou d'un tribunal, il sera puni *d'un emprisonnement d'un mois à deux ans.*	223

NOMENCLATURE alphabétique des crimes et délits communs.	DISPOSITION ET SANCTION.	ARTICLES du Code.
N° 158. *Outrage par parole, geste ou menace, envers un agent de la force publique.*	L'outrage fait par paroles, gestes ou menaces à tout officier ministériel, ou agent dépositaire de la force publique dans l'exercice de ses fonctions, sera puni *d'une amende de seize francs à deux cents francs.*	224
159. *Outrage par parole, geste ou menace, envers un commandant de la force publique.*	La peine sera *de six jours à un mois d'emprisonnement*, si l'outrage mentionné en l'article précédent a été dirigé· contre un commandant de la force publique.	225
160. *Outrage envers les objets d'un culte.*	Toute personne qui aura, par paroles ou gestes, outragé les objets d'un culte dans les lieux destinés à son exercice, sera punie *d'une amende de seize francs à cinq cents francs, et d'un emprisonnement de quinze jours à six mois.*	262
161. *Outrage par parole, geste ou menace, envers un fonctionnaire public, ou à un ministre de l'une des religions reconnues en France.*	L'outrage fait publiquement d'une manière quelconque à raison de leurs fonctions ou de leurs qualités, soit à un fonctionnaire public, soit à un ministre de l'une des religions légalement reconnues en France, sera puni *d'un emprisonnement de quinze jours à deux ans*, et d'une amende de cent francs à quatre mille francs.	Loi du 25 mars 1822
162. *Outrage public à la pudeur.*	Toute personne qui aura commis un outrage public à la pudeur sera punie *d'un emprisonnement de trois mois à un an*, et d'une amende de seize francs à deux cents francs.	C. P. 330

NOMENCLATURE alphabétique des crimes et délits communs.	DISPOSITION ET SANCTION.	ARTICLES du Code.
N° 163. *Provocation adressée aux militaires pour les détourner de leurs devoirs ou de l'obéissance qu'ils doivent à leurs chefs.*	Toute provocation par l'un des moyens énoncés en l'article 1er de la loi du 17 mai 1819 (tels que discours, cris ou menaces proférés dans des lieux ou réunions publics, etc.), adressée aux militaires des armées de terre et de mer dans le but de les détourner de leurs devoirs militaires et de l'obéissance qu'ils doivent à leurs chefs, sera punie *d'un emprisonnement d'un mois à deux ans*, et d'une amende de vingt-cinq francs à quatre cents francs, sans préjudice des peines plus graves prononcées par la loi, lorsque le fait constituera une provocation à une action qualifiée crime ou délit.	Loi du 27 juillet 1849, art. 2
164. *Provocation à la rébellion.*	Sera puni comme coupable de rébellion quiconque y aura provoqué, soit par des discours tenus dans des lieux ou réunions publics, soit par des placards affichés, soit par des écrits imprimés. Dans le cas où la rébellion n'aurait pas eu lieu, le provocateur sera puni *d'un emprisonnement de six jours au moins et d'un an au plus.*	C. P. 317
165. *Provocation à un attroupement.*	Toute provocation directe à un attroupement, armé ou non armé, par des discours proférés publiquement, et par des écrits ou des imprimés affichés et distribués, sera puni comme le crime ou le délit, c'est-à-dire, *de cinq ans à dix ans de détention ou de réclusion*, selon le cas, ou *de quinze jours à cinq ans d'emprisonnement*, selon les distinctions établies aux art. 4 et 5 de ladite loi. Si la provocation, faite par les moyens ci-dessus, n'a pas été suivie d'effets, elle sera punie *d'un empri-*	Loi du 7 juin 1848, art. 6.

NOMENCLATURE alphabétique des crimes et délits communs.	DISPOSITION ET SANCTION.	ARTICLES du Code.
Suite du N° 165. *Provocation à un attroupement.*	sonnement *de six mois à un an*, s'il s'agit d'un attroupement nocturne et armé, ou *d'un à trois mois d'emprisonnement*, s'il s'agit d'un attroupement non armé.	Suite. Loi du 7 juin 1848, art. 6.
166. *Rébellion* (Définition de ce délit).	Toute attaque, toute résistance avec violence et voies de fait envers les officiers ministériels, les gardes champêtres ou forestiers, la force publique, les préposés à la perception des taxes et des contributions, les porteurs de contrainte, les préposés des douanes, les séquestres, les officiers ou agents de la police administrative ou judiciaire agissant pour l'exécution des lois, des ordres ou ordonnances de l'autorité publique, des mandats de justice ou jugement, est qualifiée crime ou délit *de rébellion. (Voir n° 72 pour la pénalité applicable aux militaires).*	209
167. *Rébellion commise par une ou deux personnes avec ou sans armes.*	Si la rébellion n'a été commise que par une ou deux personnes, avec armes, elle sera punie *d'un emprisonnement de six mois à deux ans*, et si elle a eu lieu sans armes *d'un emprisonnement de six jours à six mois*, sans préjudice de peines plus fortes dans les cas prévus par les articles 210 et 211 *(applicables aux particuliers).*	212
168. *Recel d'objets volés ou détournés, etc.*	Ceux qui sciemment auront récélé, en tout ou en partie, des choses enlevées, détournées ou obtenues à l'aide d'un crime ou d'un délit, seront punis *comme complice* de ce crime ou délit, et de la même peine que l'auteur principal du crime ou délit.	59 et 62

NOMENCLATURE alphabétique des crimes et délits communs.	DISPOSITION ET SANCTION.	ARTICLES du Code.
N° 169. *Refus d'un.........* *service dû légalement.*	Tout sous-officier, tout officier ou commandant de la force publique qui, après avoir été légalement requis par l'autorité civile, aura refusé de faire agir la force à ses ordres, sera puni *d'un emprisonnement d'un mois à trois mois*, sans préjudice des réparations civiles qui pourraient être dues.	234
170. *Subornation de témoins*	Le coupable de subornation de témoins sera passible des mêmes peines que le faux témoin, selon les distinctions contenues dans les articles 361, 362, 363 et 364 (V. n°s 137 et suiv.)	365
171. *Usage de fausse monnaie après en avoir vérifié ou fait vérifier les vices.*	Celui qui aura fait usage de pièces de monnaie contrefaites ou altérées après en avoir vérifié ou fait vérifier les vices, sera puni *d'une amende triple au moins et sextuple au plus* de la somme représentée par les pièces qu'il aura rendues à la circulation, sans que cette amende puisse, en aucun cas, être inférieure à *seize francs*.	135
172. *Usage de timbre-poste ayant déjà servi.*	Quiconque aura sciemment fait usage d'un timbre-poste ayant déjà servi à l'affranchissement d'une lettre, sera puni *d'une amende de cinquante francs à mille francs*. En cas de récidive, la peine sera *d'un emprisonnement de cinq jours à un mois*. Sera punie des mêmes peines la vente ou la tentative de vente d'un timbre ayant déjà servi.	Loi du

NOMENCLATURE alphabétique des crimes et délits communs.	DISPOSITION ET SANCTION.	ARTICLES du Code.
N° 173. *Vagabondage.*	Le vagabondage est un délit. Les vagabonds ou gens sans aveu sont ceux qui n'ont ni domicile certain, ni moyen de subsistance, et qui n'exercent habituellement ni métier, ni profession. Les vagabonds ou gens sans aveu qui auront été légalement déclarés tels, seront, pour ce seul fait, punis *de trois à six mois d'emprisonnement.* Ils seront renvoyés, après avoir subi leur peine sous la surveillance *de la haute police pendant cinq ans au moins et dix ans au plus.*	269 270 271
174. *Viol.*	Quiconque aura commis le crime de viol sera puni *des travaux forcés à temps.*	332
175. *Viol commis sur la personne d'un enfant au-dessous de quinze ans.*	Si le crime de viol a été commis sur la personne d'un enfant au-dessous de l'âge de quinze ans accomplis, le coupable subira le *maximum* de la peine *des travaux forcés à temps,* qui est de vingt ans.	332
176. *Violation de domicile.*	Tout individu qui se sera introduit à l'aide de menaces ou de violences dans le domicile d'un citoyen, sera puni *d'un' emprisonnement de six jours à trois mois,* et d'une amende de seize francs à deux cents francs.	184
177. *Violences envers les personnes dans l'exercice de leurs fonctions.*	Lorsqu'un fonctionnaire ou officier public, un administrateur, un agent ou un préposé du gouvernement ou de la police, un exécuteur des mandats de justice ou jugement, un commandant en chef ou en sous ordre de la force publique, aura, sans motif légitime, usé ou fait user de violences envers les personnes, dans l'exercice de ses fonctions, il sera puni de *l'emprisonnement,* ou *de la réclusion,* ou *des travaux forcés,* suivant la règle posée par l'article 198 du Code pénal.	186

NOMENCLATURE alphabétique des crimes et délits communs.	DISPOSITION ET SANCTION.	ARTICLES du Code.
N° 178. *Violences ou voies de fait envers un magistrat dans l'exercice de ses fonctions, ou à l'audience d'un tribunal.*	Tout individu qui, même sans armes, et sans qu'il en soit résulté des blessures, aura frappé un magistrat dans l'exercice de ses fonctions, ou à l'occasion de cet exercice, sera puni *d'un emprisonnement de deux à cinq ans.* Si cette voie de fait a eu lieu à l'audience d'une cour ou d'un tribunal, le coupable sera, en outre, puni de la dégradation civique.	228
179. *Violences ou voies de fait dirigées contre un agent de la force publique dans ses fonctions d'ordre public.*	Les violences de l'espèce exprimée en l'article 228 précédent dirigées contre un officier ministériel, un agent de la force publique, ou un citoyen chargé d'un ministère de service public, si elles ont eu lieu pendant qu'ils exerçaient leur ministère, où à cette occasion, seront punies *d'un emprisonnement d'un mois à six mois.*	230
180. *Violences avec effusion de sang ou suivies de mort envers un magistrat ou un agent de la force publique dans l'exercice de ses fonctions.*	Si les violences exercées contre les fonctionnaires et agents désignés aux articles 228 et 230 (nᵒˢ 178, 179) ont été la cause d'effusion de sang, de blessures ou maladies, la peine sera *la réclusion,* si la mort s'en est suivie dans les quarante jours, le coupable sera puni *des travaux forcés à perpétuité.*	231
181. *Violences avec préméditations ou guet-apens envers un magistrat ou un agent de la force publique dans l'exercice de ses fonctions.*	Dans le cas même où ces violences n'auraient pas causé d'effusion de sang, blessures ou maladies, les coups seront punis *de la réclusion,* s'ils ont été portés avec préméditation ou guet-apens.	232

NOMENCLATURE alphabétique des crimes et délits communs.	DISPOSITION ET SANCTION.	ARTICLES du Code.
Nº 182. *Violences ou voies de fait envers un magistrat ou agent de la force publique, avec intention de donner la mort.*	Si les coups ont été portés ou les blessures faites à un des fonctionnaires ou agents désignés aux articles 228 et 230 (nᵒˢ 178, 179) dans l'exercice ou à l'occasion de l'exercice de leurs fonctions, avec intention de donner la mort, le coupable sera puni *de mort*.	233
183. *Vol* (Définition).	Quiconque a soustrait frauduleusement une chose qui ne lui appartient pas est coupable de vol.	379
184. *Vol commis avec la réunion de cinq circonstances, dites aggravantes.*	Seront punis des *travaux forcés à perpétuité* les individus coupables de vols commis avec la réunion des cinq circonstances suivantes : 1º Si le vol a été commis la nuit ; 2º S'il a été commis par deux ou plusieurs personnes ; 3º Si les coupables ou l'un d'eux étaient porteurs d'armes apparentes ou cachées ; 4º S'ils ont commis le crime soit à l'aide d'effraction extérieure, ou d'escalade, ou de fausses clefs, dans une maison, appartement, chambre ou logement habités ou servant à l'habitation, ou leurs dépendances, soit en prenant le titre d'un fonctionnaire public, ou d'un officier civil ou militaire, ou après s'être revêtus de l'uniforme ou du costume du fonctionnaire ou de l'officier, ou en alléguant un faux ordre de l'autorité civile ou militaire ; 5º S'ils ont commis le crime avec violence ou menace de faire usage de leurs armes. (V. nᵒˢ 196 et suivants).	381

NOMENCLATURE alphabétique des crimes et délits communs.	DISPOSITION ET SANCTION.	ARTICLES du Code.
N° 185. *Vol à l'aide de violence et de plus avec deux des quatre premières circonstances prévues en l'article 381.*	Sera puni *des travaux forcés à temps* tout individu coupable de vol commis à l'aide de violence et de plus avec l'aide de deux des quatre premières circonstances prévues par le précédent article (n° 184).	382
186. *Vol à l'aide de violence laissant des traces de blessures ou de contusions.*	Si même la violence à l'aide de laquelle le vol a été commis a laissé des traces de blessures ou de contusions, cette circonstance seule suffira pour que la peine *des travaux forcés à perpétuité* soit prononcée.	382
187. *Vol sur un chemin public.*	Les vols commis sur les chemins publics emporteront la peine *des travaux forcés à perpétuité* lorsqu'ils auront été commis avec deux circonstances prévues en l'art. 381 (n° 184). Ils emporteront la peine *des travaux forcés à temps* lorsqu'ils auront été commis avec une seule de ces circonstances. Dans les autres cas, la peine sera celle de la *réclusion*.	383
188. *Vol commis à l'aide d'effraction, d'escalade ou en faisant usage de fausses clefs.*	Sera puni de la peine *des travaux forcés à temps*, tout individu coupable de vol commis à l'aide d'un des moyens énoncés dans le n° 4 de l'article 381, même quoique l'effraction, l'escalade et l'usage des fausses clefs aient eu lieu dans des édifices, parcs ou enclos non servant à l'habitation et non dépendants des maisons habitées, et lors même que l'effraction n'aurait été qu'intérieure (V. nᵒˢ 184, 198, 101 et 102).	384

NOMENCLATURE alphabétique des crimes et délits communs.	DISPOSITION ET SANCTION.	ARTICLES du Code.
.N° 189. *Vol commis avec violence, ne laissant aucune trace de blessure, ou commis avec la réunion de trois circonstances aggravantes.*	Sera également puni de la peine *des travaux forcés à temps*, tout individu coupable de vol commis, soit avec violence, lorsqu'elle n'aura laissé aucune trace de blessure ou de contusion et qu'elle ne sera accompagnée d'aucune autre circonstance, soit sans violence, mais avec la réunion des trois circonstances suivantes : 1° Si le vol a été commis la nuit ; 2° S'il a été commis par deux ou plusieurs personnes ; 3° Si les coupables ou l'un d'eux étaient porteurs d'armes apparentes ou cachées.	385
190. *Vol commis la nuit par deux personnes, ou avec l'une de ces deux circonstances, mais dans un lieu habité.*	Sera puni de la peine *de la réclusion*, tout individu coupable de vol commis la nuit, et par deux ou plusieurs personnes, ou s'il a été commis avec une de ces deux circonstances seulement, mais en même temps dans un lieu habité ou servant à l'habitation, ou dans les édifices consacrés aux cultes légalement établis en France.	386
191. *Vol avec armes apparentes ou cachées.*	Sera puni *de la réclusion*, le coupable, ou l'un des coupables, qui sera porteur d'armes apparentes ou cachées, même quoique le lieu où le vol a été commis ne fût ni habité, ni servant à l'habitation, et encore que le vol ait été commis le jour et par une seule personne.	386

NOMENCLATURE alphabétique des crimes et délits communs.	DISPOSITION ET SANCTION.	ARTICLES du Code.
N° 192. *Vol de bestiaux dans les champs, ou de poissons dans les étangs, viviers ou réservoirs.*	Quiconque aura volé ou tenté de voler dans les champs, des chevaux ou bêtes de charge, de voiture ou de monture, gros et menus bestiaux, ou des instruments d'agriculture, sera puni *d'un emprisonnement d'un an au moins et de cinq ans au plus*, et d'une amende de seize francs à cinq cents francs. Il en sera de même à l'égard des vols de bois dans les ventes, et de pierres dans les carrières, ainsi que du vol de poissons en étang, vivier ou réservoir.	388
193. *Vol de récoltes détachées du sol commis dans les champs.*	Quiconque aura volé ou tenté de voler dans les champs des récoltes ou autres productions utiles de la terre, déja détachées du sol, ou des meules de grains faisant partie de récoltes, sera puni *d'un emprisonnement de quinze jours à deux ans*, et d'une amende de seize francs à deux cents francs. Si le vol a été commis, soit la nuit, soit par plusieurs personnes, soit à l'aide de voitures ou d'animaux de charge, *l'emprisonnement sera d'un an à cinq ans*, et l'amende de seize francs à cinq cents francs.	388

NOMENCLATURE alphabétique des crimes et délits communs.	DISPOSITION ET SANCTION.	ARTICLES du Code.
N° 194. *Vol de récoltes non détachées du sol commis dans les champs.*	Lorsque le vol ou la tentation de vol de récoltes ou productions utiles de la terre, qui, avant d'être soustraites, n'étaient pas encore détachées du sol, aura lieu, soit avec des paniers ou des sacs ou autres objets équivalents, soit la nuit, soit à l'aide de voitures ou d'animaux de charge, soit par plusieurs personnes, la peine sera *d'un emprisonnement de quinze jours à deux ans*, et d'une amende de seize francs à deux cents francs. Dans tous les cas spécifiés au présent article (nos 192, 193 et 194) les coupables pourront, indépendamment de la peine principale, être interdit de tout ou partie du droit mentionné en l'article 42, pendant cinq ans au moins et dix ans au plus, à compter du jour où ils auront subi leur peine. Ils pourront aussi être mis par l'arrêt ou le jugement sous la surveillance de la haute police pendant le même nombre d'années.	388
195. *Vol, larcins ou filouteries.*	Les autres vols non spécifiés dans les articles précédents, les larcins, les filouteries, ainsi que les tentatives de ces mêmes délits, seront punis d'un *emprisonnement d'un an au moins et de cinq ans au plus*, et pourront même l'être d'une amende qui sera de seize francs au moins et de cinq cents francs au plus. Les coupables pourront encore être interdits des droits mentionnés en l'article 42 du Code, pendant cinq ans au moins et dix ans au plus à compter du jour où ils auront subi leur peine. Ils pourront aussi être mis par l'arrêt ou le jugement, sous la surveillance de la haute police pendant le même nombre d'années.	401

DÉFINITION des mots : **maison habitée, escalade, effraction et fausses clefs,** dont ce sert la loi pénale ordinaire dans son article 381 et suivants.

NOMENCLATURE alphabétique des crimes et délits communs.	DISPOSITION ET SANCTION.	ARTICLES du Code.
N° 196. *Maison habitée.*	Est réputé *maison habitée*, tout bâtiment, logement, cabane, même mobile qui, sans être actuellement habité, est destiné à l'habitation, et tout ce qui en dépend, comme cours, basses-cours, granges, écuries, édifices qui y sont enfermés, quel qu'en soit l'usage, et quand même ils auraient une clôture ou enceinte générale.	390
197. *Parc ou enclos.*	Est réputé *parcs ou enclos*, tout terrain environné de fossés, de pieux, de claies, de planches, de haies vives ou sèches, ou de murs de quelque espèce de matériaux que ce soit, quelles que soient la hauteur, la profondeur, la vétusté de ces diverses clôtures, quand il n'y aurait pas de porte fermant à clef ou autrement, ou quand la porte serait à claire-voie et ouverte habituellement.	391
	Les parcs mobiles destinés à contenir du bétail dans la campagne, de quelque matière qu'ils soient faits, sont aussi réputés *enclos*, et lorsqu'ils tiennent aux cabanes mobiles ou autres abris destinés aux gardiens, ils sont réputés dépendant de maison habitée.	392

NOMENCLATURE alphabétique des crimes et délits communs.	DISPOSITION ET SANCTION.	ARTICLES du Code.
N° 198. *Effraction.*	Est qualifié *effraction*, tout forcement, rupture, dégradation, démolition, enlèvement de murs, toits, planchers, portes, serrures, cadenas, ou autres ustensiles ou instruments servant à fermer ou à empêcher le passage, et de toute espèce de clôture quelle qu'elle soit. Les effractions sont extérieures ou intérieures.	393 et 394
199. *Effraction extérieure.*	Les *effractions extérieures* sont celles à l'aide desquelles on peut s'introduire dans les maisons, cours, basses-cours, enclos ou dépendances, ou dans les appartements ou logements particuliers.	395
200. *Effraction intérieure.*	Les *effractions intérieures* sont celles qui, après l'introduction dans les lieux mentionnés en l'article précédent, sont faites aux portes ou clôtures du dedans, ainsi qu'aux armoires ou autres meubles fermés. Est compris dans la classe des effractions intérieures, le simple enlèvement des caisses, boîtes, ballots, sous toile et corde, et autres meubles fermés, que contiennent des effets quelconques, bien que l'effraction n'ait pas été faite sur le lieu.	396
201. *Escalade.*	Est qualifié *escalade*, toute entrée dans les maisons, bâtiments, cours, basses-cours, édifices quelconques, jardins, parcs et enclos, exécutée par dessus les murs, portes, toitures ou autre clôture. L'entrée par une ouverture souterraine, autre que celle qui a été établie pour servir d'entrée, est une circonstance de même gravité que l'escalade.	397

NOMENCLATURE alphabétique des crimes et délits communs.	DISPOSITION ET SANCTION.	ARTICLES du Code.
N° 202. *Fausses clefs.*	Sont qualifiés *fausses clefs*, tous crochets, rossignols, passe-partout, clefs imitées, contrefaites, altérées, ou qui n'ont pas été destinées par le propriétaire, locataire, auhergiste ou logeur, aux serrures, cadenas, ou aux fermetures quelconques auxquelles le coupable les aura employés.	398
203. *Contrefaçon ou altération de clefs.*	Quiconque aura contrefait ou altéré des clefs sera condamné à un *emprisonnement de trois mois à deux ans*, et à une amende de vingt-cinq francs à cent cinquante francs. Si le coupable est serrurier, il sera puni de *la réclusion*, le tout sans préjudice de plus fortes peines, s'il y échet, en cas de complicité de crime.	399

FIN DU CODE PÉNAL ORDINAIRE.

PARIS. — TYP. BEAULÉ. — IMP. LITH. BLOT, RUE JACQUES DE BROSSE, 10.

ON TROUVE

A LA LIBRAIRIE MILITAIRE DE BLOT.

Réglement sur le Service des places, in-32 (1)............... 1 25
    —   sur le Service intérieur, in-32 (1)................ 1 50
    —   sur le Service en campagne, in-32 (1)............ 1 25
Écoles de Soldat et de Peloton, avec album des planches, in-32 (1)..................................... 1 »
École de Bataillon, avec album des planches, in-32 (1)...... 1 50
Évolutions de ligne,   —   —   in-32 (1)...... 2 »
Cours d'administration pour commandant de Cⁱᵉ., par GONVOT. 2 »
    —   —   pour sous-officier, par le même....... 1 25
Manuel administratif, 2 vol. in-12, par GONVOT et BLOT........ 4 »
    —   des Conseils d'enquête, in-16, par GONVOT.......... » 50
    —   de Recrutement, in-8, par le même............... 4 »
Escrime à la Bayonnette, par le capitaine Chatain, autorisée par S. Exc. le Ministre de la Guerre...................... » 60
Instruction pratique de la natation dans l'armée, in-16, par le commandant D'ARGY...................................... » 60
Instruction complète sur la Gymnastique, in-18.............. 1 25
Atlas des 24 planches de cette intruction.................. 2 »
Album des Évolutions de ligne, in-4, par BILFELDT............ 4 »
    —   —   —   in-16, par HIRIART.......... 1 25
    —   de l'École de bataillon, in-16, par le même.......... 1 25
Tableaux synoptiques de l'École de bataillon, grand in-4, par le même...................................... 2 »
Décret du 24 messidor an XII, sur les honneurs et préséances. 1 »
Guide-Mémoire d'infanterie pour les manœuvres sur deux rangs, d'après l'ordonnance du 22 juillet 1845 sur l'exercice et les manœuvres des chasseurs à pied, orné de planches gravées et placées dans le texte, par M. C***, adjudant-major d'infanterie, contenant :

     L'École de peloton, in-32............................. » 50
     Les Écoles de bataillon et des tirailleurs, in-32......... 1 50
     Les Évolutions de ligne, in-32....................... 1 »
Ordonnance du 25 décembre 1837 sur la solde et les revues suivi des tarifs en vigueur, in-16...................... 1 »
Mémoire du Colonel COMBE, sur les Campagnes de Russie, de Saxe et de France, 1 beau vol. in-12, de 324 pages........ 1 50

(1) Relié, couvert en jolie lustrine et portant le titre en lettres dorées.

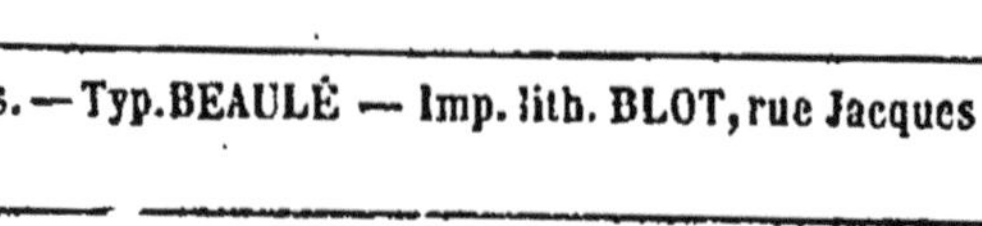

PARIS. — Typ. BEAULÉ — Imp. lith. BLOT, rue Jacques de Brosse, 4